롤링 스톤즈

50년의 악행, 50년의 로큰롤

차 례
Contents

프롤로그

2012년 6월, 로큰롤 밴드 '롤링 스톤즈'가 결성 50주년을 맞았다. 하지만 그들이 과연 지상 최고의 로큰롤 밴드인가에 대해서는 아직도 의견이 분분한데, 특히 우리 한국에서 이 질문에 선뜻 'Yes'라고 대답하는 사람은 많지 않을 것 같다.

한국에서 롤링 스톤즈는 미국 드라마와 영화에 삽입된 'Paint It Black'이나 발라드 'Angie'를 부른 가수로 많이 기억되고 있을 것이다. 혹은 팝록밴드 Maroon 5의 2011년 히트곡 'Moves Like Jagger'의 뮤직 비디오 주인공을 떠올리거나 영화 「캐리비안의 해적」에서 잭 스패로우 선장의 아버지 역할로 등장한 건달 같은 할아버지를 제일 먼저 떠올릴 수도 있다. 아니면 한때 비틀즈의 라이벌이었다는 평가를 기억해내는 분도 있을 것이다. 한국인들의 사랑을 받는 데 있어 그들의 음악은 생각만큼 달콤하지도 않고 강력하지도 않으며 철학적인 것도 아니다.

하지만 롤링 스톤즈에 대한 영미권의 평가는 사뭇 다르다. 데뷔 25년이 지난 뮤지션 중 가장 중요한 뮤지션을 선정하는 '로큰롤 명예의 전당'은 지상 최고의 로큰롤 밴드에 대한 공감대를 언급하고 있다. 최고의 팝 저널 『롤링스톤』은 그들을 역사상 네 번째 위대한 뮤지션[1]으로 평가한다. 또 5억 5천만 달러 이상의 수익을 벌어들인 2006년 「A Bigger Bang」 투어에 이르기까지 거대하고 꾸준한 공연에서의 성공은 롤링 스톤즈에게 현재적 의미를 부여하고 있다.

하지만 국내에는 단 한 번의 내한 공연도 없었기 때문에 이 역시 무의미하게 비춰질 수 있다. 음반 한 장 사지 않는 풍토가 강해진 요즈음, 수십 장에 이르는 그들의 음반을 찾아 들어보자는 강요 자체가 시대착오적이다. 그러나 이것만은 단언할 수 있다. 그들의 하루하루는 그 자체로 로큰롤이었고 어떤 스펙터클한 영화보다 짜릿한 삶을 살아왔다는 것이다. 이들의 역사에는 당대 최고의 미녀가 등장하는 멜로물, 스릴러와 어드벤처, 갱스터물, 형사 첩보물과 같은 이야기가 존재하며 가끔은 SF적인 이야기도 등장한다. 그리고 대체로 시트콤과 같은 황당함이 늘 함께 한다. 사실 악행의 일상화에 매진했던 그들은 오랜 시간 지상 최악의 로큰롤 밴드로 여겨졌다. 지상 최악이며 동시에 지상 최고인 그들의 롤러코스터와 같은 삶을 면면히 들여다

보는 동안 우리는 그들이 어떻게 50년이라는 긴 시간을 살아남을 수 있었는지, 또 록음악의 본토가 왜 이렇게 그들에게 열광하는지에 대한 미약한 단서를 찾을 수 있을 지도 모른다.

원수는 외나무다리에서 만난다

우연 또는 필연적인 시작

아주 작은 우연이 나비 효과처럼 큰 결과를 만들어내기도 한다. 롤링 스톤즈 역시 우연한 만남으로 시작되었다. 롤링 스톤즈의 보컬 믹 재거(본명: 마이클 필립 재거, Michael Philip Jagger)와 기타리스트 키스 리차드(Keith Richards)는 1943년 런던 근교의 다트포드 병원에서 태어났고, 초등학교 동기인데다가 불과 몇 집 건너에 사는 이웃이었다. 하지만 계급과 성향의 차이로 믹과 키스는 서로 이름만 알 뿐이었다. 그러다 1954년 공부에 관심이 없었던 키스 리차드는 기술학교로, 학교 성적이 괜찮았던 믹 재거는 언어학교로 진학하면서 다시 볼 일이 없어졌다. 그런

데 6년 후 1960년 10월 17일, 어느 날 아침의 우연으로 그들의 인연, 아니 악연이 시작된다. 등교하는 길에 둘은 우연히 다트포드 기차역에서 만났고, 키스 리차드는 믹 재거가 체스 레코드(블루스의 명가), 그중에서도 척 베리와 머디 워터스의 음반을 들고 온 것을 목격하게 된다. 한편 믹 재거는 전기 기타를 들고 있는 키스 리차드의 모습을 보게 된다. 서로의 취향을 확인하는 순간 마침내 '악의 축'이 결성되었다. 믹은 키스에게 자신의 밴드인 'Little Boy Blue and the Blue Boys'에 가입할 것을 권유하고, 딕 테일러를 베이스로 영입하여 이후 18개월간 머디 워터스[2], 척 베리[3], 버디 할리[4] 등 블루스와 로큰롤 뮤지션의 곡을 카피하면서 기량을 연마한다.

만약 그들이 다트포드 열차에서 만나지 않았다면 로큰롤 역사의 가장 중요한 콤비는 과연 이루어질 수 있었을까? 취향이 같았으니 아마 런던의 어느 클럽에서 어떤 식으로든 만나게 됐을지도 모른다. 하지만 믹과 키스의 콤비는 단순한 파트너 이상이었고 이때의 만남은 그들 관계의 촉매제였다. 최강의 로큰롤 콤비, 키스 리차드와 믹 재거. 대부분의 콤비가 그러하듯 그들은 많은 면에서 달랐다.

키스 리차드는 제2차 대전에 참전한 아버지 버트 리차드와 어머니 도리스 두프리 사이에서 태어났다. 증조부 거스 두프리는 시민운동가였으며 비밥(Bebop) 밴드로 영국 투어를 하며 키스 리차드에게 음악적 영감을 주었다. 어머니는 그에게 재즈를 듣게 했으며 싸구려 기타를 사주었다. 키스는 웨스트민스터 수

도원에서 소프라노를 했고 엘리자베스 2세 즉위식에서도 노래를 불렀는데 지금의 악마 같은 목소리와 외형을 떠올린다면 다소 상상하기 어려운 과거다.

키스의 다트포드 기술학교 재학 시절, 영국에도 로큰롤의 바람이 불기 시작했다. 음악을 좋아하는 증조부의 영향이 있었고 학교생활을 지겨워했기 때문에 키스는 열심히 기타를 쳤다. 시드컵 예술학교로 전학을 갔는데 그곳 분위기에 따라 자유분방한 생활과 로큰롤을 한껏 즐겼다. 그러다 1959년 척 베리를 처음 접하고는 그 매력에 흠뻑 빠져 척 베리의 모든 주법을 완주할 수 있을 때까지 틈만 나면 기타를 연주했다. 하지만 그의 아버지는 키스가 기타 치는 것을 끔찍하게 싫어해 잦은 충돌이 이어졌고 어느 순간 부자간의 대화는 완전히 단절되었다. 키스가 로큰롤에 몰두한 이유 중 하나는 이러한 아버지의 반대 때문이 아닐까?

반면 믹 재거가 자란 환경은 많이 달랐다. 아버지와 할아버지는 교사였고 어머니는 호주에서 건너온 이주민으로 미용사였고 열혈 보수당원이었다. 친구 집에 놀러가기보다 혼자 있는 것을 좋아했기 때문에 믹은 학교에서 마마보이처럼 여겨졌다. 하지만 공부는 물론 농구에도 소질을 보이는 꽤 괜찮은 학생이기도 했다. 물론 어리바리한 선생을 약 올리는 등의 악동 기질은 진작부터 갖고 있었던 것 같다. 고리타분한 BBC 채널 대신 미국 음악이 흘러나오는 AFN 채널을 통해 믹은 재즈, 컨추리는 물론 시카고 블루스까지 다양한 음악을 접했다. 또 14살

때 기타를 선물 받았고, 리치 발렌스[5]의 'La Bamba'를 따라 불렀는데 믹 특유의 뒤틀어 부르는 창법은 그 당시에도 습관적인 것이었다. 그러다 1958년 버디 할리의 공연을 통해 믹은 처음 로큰롤 라이브를 접하게 된다. 딕 테일러와 함께 블루스 음반 수집의 취미를 공유했고, 미국판 음반을 우편 주문할 정도였다. '영화를 사랑하는 애호가가 직접 영화를 만든다'는 트뤼포[6]의 말처럼 키스와 딕은 로큰롤을 사랑하는 열혈 애호가로서 직접 밴드를 결성한다. 노동계급이었던 키스 리차드와 달리 런던경제학교로 진학한 믹 재거는 자부심 강한 전형적인 영국 교외의 중상류층 출신이었고 재무가나 정치가를 꿈꾸었다. 하지만 그럼에도 그가 로큰롤을 선택한 이유는 그 역시 뒤틀어진 아이였기 때문이다.

본능적으로

브라이언 존스(본명: 루이스 브라이언 흡킨스 존스, Lewis Brian Hopkins Jones)는 전통의 남서 잉글랜드 도시, 첼튼햄에서 자랐다. 브라이언은 우수한 성적의 잘 생긴 금발 학생이었다. 정식 음악 교육으로 다듬어진 재능으로 어려서 여러 가지 악기를 연주했고 재즈 레코드를 수집했다. 평상시에는 나무랄 데 없는 아이 였지만 불같이 화를 내기도 하고 종종 수업을 빼먹기도 했으며 선생님께 대드는 등 예측 불가능한 행동을 보이기도 했다.

하지만 역시 최악은 열네 살 소녀 발레리를 임신시킨 것이었다. 브라이언은 낙태를 원했지만 발레리는 아이를 원했고 이는 보수적인 첼튼햄에서 큰 스캔들이 되었다. 브라이언의 평온한 학창 시절이 끝나버린 것이다. 1960년에는 공연장에서 눈이 맞은 스물세 살 유부녀와 두 번째 아이를 임신시키는 순발력을 발휘한다. 이즈음 브라이언은 공장에 나가기도 했지만 차 사고로 금방 그만두었고 당시 사고로 이가 부러져 이후 입을 막고 웃는 습관이 생겼다. 또 일을 쉬는 동안 바에서 만난 열여섯 살 소녀 팻 앤드류를 임신시키는데, 세 번째 아이를 가졌을 때 브라이언의 나이는 고작 열여덟이었다. 브라이언은 여러모로 천재였지만 특히 여자를 임신시키는 데 천부적이었던 것 같다.

1960년 브라이언은 크리스 바버[7]의 공연에 게스트로 초대된 소니 보이 윌리엄슨의 거친 하모니카 연주를 듣고 흠뻑 반해버린다. 그리고는 뮤지션으로서의 운명을 직감한다. 하지만 당장의 생계를 위해 버스 차장을 비롯해 여러 직업을 전전했고, 이때 팻 앤드류로부터 딸아이를 얻는데 재즈 뮤지션 줄리언 캐널볼 어덜리의 이름을 따 줄리언으로 이름 지었다. 1961년 12월 크리스 바버가 첼튼햄을 다시 찾았을 때 브라이언은 백 스테이지에서 크리스 바버 밴드의 알렉시스 코너를 만났다. 1962년 1월에 브라이언은 알렉시스 코너를 만나기 위해 런던을 찾아갔고, 알렉시스의 집에서 엘모 제임스[8]의 앨범을 듣게 된 후 슬라이드 보틀넥 기타를 개조해 엘모 제임스의 연주를 따라하기 시작한다. 그리고 1962년 3월 17일, 알렉시스 코너와 하모니카 주자 시릴 데이비스가 리듬앤블루스적인 야심으로 새

밴드 블루스 인코퍼레이티드를 결성한다는 기사를 읽은 후 바로 런던 행 버스에 오른다. 마침내 브라이언이 루비콘 강(카이사르가 반란을 결정하고 건넌 강)을 건너는 순간이었다.

형님들의 검은 형님들

롤링 스톤즈의 결성에는 블루스에서 로큰롤을 탄생시킨 머디 워터스, 척 베리와 같은 흑인 뮤지션들의 영향이 결정적이었다. 롤링 스톤즈는 첫 미국 투어에서 이 흑인 뮤지션들을 직접 만나는데 먼저 체스레코드에서 페인트칠을 하고 있는 머디의 모습에 충격을 받았다. 당시 척 베리는 롤링 스톤즈를 무시했지만 자신들의 음악을 연주하는 모습을 보고 흐뭇해하기도 했다. 물론 머디와 척이 롤링 스톤즈에 대해 호감을 갖게 된 데는 스톤즈의 성공으로 인해 그들 역시 쏠쏠한 수입을 얻게 된 이유도 있다.

이후에도 그들의 인연은 이어지는데 스톤즈는 머디가 죽기 직전 투병 생활을 하고 있을 때 바로 달려와 그의 최후 공연에서 함께 연주하기도 했다. 또 키스 리차드는 척 베리의 트리뷰트 공연을 통해 척에게 최고의 존경을 표한다. 키스는 척으로부터 많은 것을 배웠는데 음악은 물론이요 주먹부터 나가는 기질, 어이없는 기억력마저 그에게 배웠다.

런던을 뒤흔든 성난 아이들

런던 클럽 입성기

1962년 3월 17일, 블루스 인코퍼레이티드의 데뷔 공연을 찾아간 브라이언 존스는 그날 공연에서 자신이 연주할 수 있는지를 물었다. 알렉시스는 브라이언의 요청을 거절했지만 동시에 거절할 수 없는 제안을 하나 한다. "다음 주에 와 봐. 네 자리가 있을 거야."

일주일 후 3월 24일 공연의 중반, 알렉시스 코너는 브라이언을 갑자기 무대 위로 불렀다. 브라이언은 로버트 존슨[9]의 'Dust My Broom'을 엘모 제임스가 슬라이드 기타로 해석한 버전으로 연주했다. 델타와 컨추리에 기반을 둔 연주는 와자지껄한 클럽에 기묘한 공기를 제공했다. 당시 브라이언보다 한 살 어렸던 세 명의 블루스 팬 믹과 키스, 그리고 딕은 그에게서 눈을 떼지 못했다.

믹과 키스는 리듬앤블루스 몇 곡을 녹음해서 알렉시스 코너에게 보냈다. 서툴지만 에너지 넘치는 그들의 데모 테이프를 흥미롭게 여긴 알렉시스는 믹과 키스를 집에 초대했고, 믹과 키스는 부엌 테이블에서 어슬렁거리며 일어나는 브라이언을 발견한다. 다음 날 저녁 일링 클럽에서의 공연에서 알렉시스는 믹에게 무대에 올라올 것을 요청했고, 믹은 빌리 보이 아놀드[10]의 'Bad Boy'를 불렀다. 그리고 그 다음 공연에서 블루스 인코퍼레이티드와 함께 노래를 불렀고, 믹은 키스를 불러내 척 베리를 연주했다. 결국 1962년 4월부터 믹은 블루스 인코퍼레이티드의 객원 보컬이 된다. 이때 그는 스키니 블랙 타이를 입고 반쯤 취한 상태였는데 특유의 신경질적인 음성으로 머디의 'Got My Mojo Working'을 불렀다. 자신감이 붙자 믹은 눈을 굴리거나 어깨를 들썩이며 자신만의 액션을 선보였고 거대한 입속에서 혀를 주물럭거리는 특이한 창법도 구사했다. 믹의 별명은 마릴린 먼로였다. 믹은 데이빗 보위[11] 이전에 글램(양성애적이고 비주얼한 70년대 록의 장르)하고 캠피(양성애적이고 싸구려적으로 구성한 스타일)했다. 믹과 키스는 일링에서 빛과 그림자처럼 붙어 다녔다. 클럽 내 분위기는 믹에 대해서는 비교적 우호적이었지만 키스에 대해서는 무관심했다. 그곳의 블루스 순수주의자들은 로큰롤을 혐오했으며 그들은 키스에게 고리타분한 중년 남자들

블루스 인코퍼레이티드의 공연 장면.
(출처: http://www.cyrildavies.com/bluesinc.html)

일뿐이었다.

롤린' 스톤즈(Rollin' Stones)

1962년 5월 브라이언은 자신만의 리듬앤블루스 밴드를 결성하기로 결심하고 『재즈뉴스』에 밴드 구인 광고를 실었다. 첫 응답자는 1938년 스코틀랜드 출생의 부기우기(그루브한 피아노 블루스) 피아니스트 이언 스튜어트였다. 사실 브라이언이 진정 원했던 멤버는 공연장을 흥분시킬 수 있는 사람, 믹이었다. 마퀴 공연의 인터미션 타임에 브라이언은 믹과 키스를 포섭했다.

브라이언과 믹이 클럽 씬에서 점차 지명도를 획득해갈 때 블루스 인코퍼레이티드의 BBC 라디오 쇼 녹음이 1962년 6월 12일 목요일로 예정되었다. BBC는 재즈 뮤지션을 원했기 때문에 믹은 초청되지 않았다. 하지만 이는 브라이언과 믹에게 전화위

복이 되는 사건이었다. 블루스 인코퍼레이티드는 그날 마퀴 공연에 출연할 수 없었고 브라이언의 밴드에 기회가 주어졌다. 공연을 위해 믹은 아버지로부터 싸구려 앰프를 하나 빌렸다. 마퀴의 주인장 해럴드 펜들턴이 브라이언에게 공연 홍보를 위해 밴드의 이름을 물었을 때, 브라이언은 자신의 주변에 있던 머디의 판을 보고 머디의 노래 'Rollin' Stone'에서 딴 롤린' 스톤즈로 밴드 이름을 급조했다. 대중적인 관심을 끌고 있는 프런트 맨(공연에서 비주얼을 리드하는 보컬)은 믹 재거였기 때문에 이날 공연은 '믹 재거와 더 롤린' 스톤즈'로 홍보되었다.

1962년 6월 12일 저녁 롤린' 스톤즈의 데뷔 공연의 객석은 어쿠스틱 사운드와 재즈 팬들로 절반이 채워졌고 새로운 유행의 리듬앤블루스와 로큰롤을 좋아하는 믹의 팬이 나머지 절반을 채웠다. 그런데 공연 시작 전 치명적인 문제가 발견되었다. 그들에겐 아직 드러머가 없었다. 키스 리차드는 이날 공연의 드러머를 나중에 킹크스[12]의 드러머가 되는 믹 에이버리로 기억하고 있지만 믹 에이버리는 이를 극구 부인하며 아마 당시 드러머는 토니 채프먼이었을 거라고 말했다. 역사적인 공연에 대한 어이없는 기억력이지만 어차피 고정 드러머를 두긴 어려웠다. 이날 레퍼토리의 절반은 지미 리드[13]의 곡이었고 척 베리, 머디, 엘모어, 빌리 보이 아놀드를 연주했다. 스튜의 부기우기 피아노가 리드했고 브라이언의 슬라이드 기타와 믹의 특이한 창법은 소년들을 춤추게 만들었다. 첫 공연치고는 이들의 장점을 꽤 많이 보여줄 수 있는 긴 러닝타임이었다.

1962년 8월 믹과 키스는 '세상의 끝'이라 불리는 첼시 에디스 그로브에 작은 집을 구했다. 유명해지기 직전 그들의 아지트가 되었던 곳, 너절한 농담과 쓰레기 더미로 가득한 곳이었다. 브라이언 역시 아내 팻과 아기를 데리고 에디스 그로브로 거처를 옮겼다. 먹고 살 길은 막막했고 키스의 어머니가 가끔 조달해주는 먹을거리로 끼니를 때웠다. 결국 오랜 친구인 딕 테일러는 진학을 위해 그해 9월 밴드를 떠난다.

하지만 더 큰 문제는 공연 일정을 잡기 힘들다는 것이었다. 고루한 재즈 프로모터들은 그들의 공연을 원치 않았고 믹과 브라이언은 그들이 로큰롤 밴드가 아님을 강조해야 했다. 재즈 팬들은 롤린' 스톤즈가 트래디셔널(블루스, 컨추리와 같은 전통음악)을 죽이려 한다 생각했다. 마퀴 클럽의 주인장 해럴드 펜들턴은 그들의 액션과 사운드에 독설을 퍼부었고 이에 잔뜩 화가 난 키스는 기타로 펜들턴의 머리를 날려버리겠다 으름장을 놓았다. 결국 롤린 스톤즈의 마퀴 출연은 금지되었다.

프로 뮤지션이 될 것인지 아니면 생계에 집중할 것인지를 고민해야 할 시점이 왔다. 공연 섭외는 뜸하고 베이스와 드럼은 공석이었다. 믹은 학업을 그만두지 않았고 시험 준비로 리허설을 빼먹기도 했다. 장래가 보장되는 중산층 엘리트 믹이 음악을 그만둬도 이상할 건 없었다. 이즈음 브라이언과 키스는 에벌리 브라더스[14]처럼 기타 듀오를 하나 만들까 고민하기도 했다.

모든 것이 불확실한 상황. 그런데 또 하나의 쇼크가 있었다. '비틀즈'였다. 라디오를 통해 듣게 된 'Love Me Do'는 버디 할리와 에벌리의 사운드를 결합한 믿을 수 없는 사운드였다. 세계 유일의 밴드라 믿고 있던 스톤즈에게 리버풀 출신의 머지 비트[15] 밴드 비틀즈의 등장은 1960년대 영국 축구가 브라질을 발견한 것과 같은 놀라움이었다.

한편 브라이언은 음반사와 방송국에 수시로 자신들의 녹음 테이프와 장문의 글을 전달했지만 아무도 눈여겨보지 않았다. 지금도 마찬가지지만 방송사는 이것이 정말 이익이 된다고 확신이 들기 전까지는 절대 모험을 하지 않는다.

롤린' 스톤즈가 끼 있는 밴드 이상이 되려면 그들만을 위한 드러머와 베이스가 필요했다. 드러머 토니 채프먼은 전에 그가 몸담고 있던 밴드의 베이스 '빌 퍼크스'를 데려왔다. 빌은 복스(Vox) 앰프를 가지고 오디션을 보러 왔지만 잠시 동안의 잼(뮤지션들간의 즉흥적 협연) 이후 스톤즈 멤버들은 술을 먹었다. 그리고는 척 베리와 팻 도미노에 대한 얘기만 잔뜩 늘어놓았다. 하루가 저물어 갈 즈음 브라이언과 키스는 빌 퍼크스에게 앰프를 놔두고 다음에 다시 오디션 볼 생각이 없는지 물어봤다. 그의 기량에 대해서는 이미 확신할 수 있었고 무엇보다도 그의 앰프가 탐났기 때문이다. 이후 재오디션은 없었고 그날로 빌은 스톤즈의 멤버가 된다.

드러머 토니 채프먼이 맘에 들지 않았기 때문에 브라이언은 블루스 인코퍼레이티드에서 뛰어난 연주를 선보인 찰리 와츠(Charlie Watts, 본명은 Charles Watts)에게 꾸준히 스톤즈에 가입할 것을 권유했다. 안정적인 일자리를 원했던 찰리에게 브라이언은 대책도 없이 금전적 보상을 약속했다. 그리고 찰리가 이미 롤린' 스톤즈에 가입한 것 같은 강압적 분위기를 조성했다. 찰리가 머뭇거리자 브라이언은 즉시 토니 채프먼을 해고하고 그 자리에 찰리를 앉혔다. 찰리는 마지못해 롤린' 스톤즈에 가입한다. 재즈적인 백그라운드를 지닌 찰리의 존재감은 기대 이상이었다. 단순히 블루스를 카피하는 수준에서 벗어나 섬세한 비트로 스톤즈적 그루브를 만들었다. 찰리의 가입이 확실해지자 브라이언은 모범생이었던 찰리에게 이제부터 머리를 길러보라 강요했다.

앤드류 룩 올드햄

공연 섭외는 여전히 뜸했다. 1963년 2월 브라이언은 클럽 씬에 관심이 남달랐던 러시아계 필름메이커 지오지오 고멜스키(Giorgio Gomelsky)를 만났다. 브라이언은 '시카고 블루스를 죽여주게 연주하는 런던 최고의 밴드'로 롤린' 스톤즈를 소개했고 고멜스키는 레드 라이온 클럽에서의 공연을 직접 보기 위해 찾아왔다. 고멜스키는 특히 막 가입을 마친 찰리의 연주를 맘에 들어했고 그의 클럽 크라우대디(Crawdaddy)의 일요일을 스톤즈에 맡겼다. 크라우대디는 90년대 후반 형성된 홍대 앞 펑크 클럽 같은 곳이었다. 여기서 스톤즈는 물 만난 고기처럼 제대로 놀기 시작했고 인근 클럽의 러브콜이 이어졌다. 스튜는 아르바이트를 통해 얻은 수익으로 미니버스를 하나 샀다. 스톤즈

는 스튜의 차에 음악 장비를 모두 싣고 런던의 밤거리를 휩쓸었다.

고멜스키는 롤린' 스톤즈의 브라이언 엡스타인[16]을 꿈꿨다. 필름메이커답게 롤린' 스톤즈에 관한 영화 촬영을 진행했고 BBC에서 주최한 오디션에도 참여시켰다. 고멜스키는 필름메이커로서의 시선을 통해 롤린' 스톤즈로부터 스윙잉 런던(Swinging London)이라는 시대의 공기를 읽어냈다. 스윙잉 런던은 로큰롤, 사진가, 영화 등 당시 대중문화 전반에 나타나는 현상이었다. 롤린' 스톤즈는 기성세대를 조롱하고 이에 반항하며 미국 대중문화를 탐닉하는 밴드였고 미친 듯이 열정을 불태우는 '앵그리 영맨(Angry Young Men)'의 상징이 되고 있었다.

비틀즈의 런던 지역 홍보를 위해 브라이언 엡스타인이 채용한 앤드류 룩 올드햄(Andrew Loog Oldham)은 스윙잉 런던의 최전선에 있는 아이였다. 앤드류는 저널리스트 피터 존스의 요청에 따라 클럽 씬에서 '좀 하는 놈들'로 알려진 스톤즈를 확인하기 위해 크로우대디 클럽을 직접 찾아왔다. 소녀들의 괴성과 어울린 스톤즈의 음악은 단숨에 그를 사로잡았고 무엇보다 섹스 어필을 녹여낸 믹 재거의 쇼맨십에 꽂혀버렸다.

19살에 불과한 앤드류는 롤린' 스톤즈의 매니저와 프로듀서의 역할을 동시에 맡았는데 결국 비틀즈에 있어서 브라이언 엡스타인과 조지 마틴[17]의 역할을 동시에 한 셈이다. 영국, 특히 런던의 전후 세대는 대부분 스무 살 내외로 음악과 비즈니스의 전면에 나선 진짜 용감한 세대였다. 앤드류는 비틀즈의 대항마를 찾는데 혈안이 된 데카 레코드와 어렵지 않게 계약을 성사시켰다. 이어 앤드류는 그룹의 이름을 롤린' 스톤즈에서 지금의 롤링 스톤즈(Rolling Stones)로, 빌 퍼크스의 이름을 빌 와이먼(Bill Wyman)으로, 키스 리차즈(Richards) 대신 클리프 리차드[18]를 연상시키는 키스 리차드(Richard)로 바꾸게 한다. 그리고 마지막으로 앤드류는 당시까지만 해도 수줍음이 많던 키스에게 꽤 괜찮은 선물을 한다. 바로 여자 친구였다. 키스는 앤드류의 여자 친구인 셜리 클라인의 베스트 프렌드이며 보그[19]에서 어시스턴트로 일하고 있는 린다 키스를 만나게 된다.

결국 제2의 브라이언 엡스타인은 지오지오 고멜스키가 아닌 브라이언 엡스타인의 아이, 앤드류 올드햄이었다. 당시 런던의 리듬앤블루스 씬은 음악의 실리콘밸리와 같은 공간이었고 스톤즈는 와룡봉추와 같은 조력자를 만난 것이다.

데카 레코드와 사인하고 BBC 방송 출연 직전, 앤드류는

BBC의 요청에 따라 스튜를 해고했다. 스튜의 외모가 해고 사유였다. 하지만 명목상의 이유는 스톤즈의 멤버 수인 여섯을 십대 팬들이 셀 수 없다는 것이었다. 스튜는 밴드와 헤어지는 대신 로드 매니저와 건반 세션을 맡게 된다. 부기우기 풍의 연주가 필요할 때마다 스튜가 건반을 잡았다. 스튜의 존재감은 스톤즈에 비해 결코 작지 않았다. 이기주의로 똘똘 뭉친 악동들의 집단에서 스톤즈를 가장 사랑했던 이는 다름 아닌 스튜였다.

아낌없이 주는 나무, 알렉시스 코너

블루스를 연주하며 런던 클럽 씬을 세운 알렉시스 코너는 영국 록 뮤지션들에게 아낌없이 주는 나무였다. 롤링 스톤즈, 야드버즈[20], 레드 제플린이 될 지미 페이지와 존 폴 존스, 에릭 버든[21], 만프레드 만[22], 존 메이올[23] 그리고 에릭 클랩튼이 알렉시스의 지원 아래 성장했다. 알렉시스가 에릭 클랩튼을 처음 무대 위로 불렀을 때 수줍음이 많은 에릭 클랩튼은 앞을 쳐다보지 못하고 연주해 '플림솔(스니커즈 같은 운동화)'이란 별명이 생겼다. 에릭 클랩튼은 원조 슈게이징[24] 뮤지션이었다.

예정된 성공

레코딩 아티스트

1963년 5월 스톤즈가 앤드류 올드햄을 따라 스튜디오에서 녹음한 첫 곡은 그들이 제일 좋아하고 또 제일 잘 하는 곡인 척 베리의 'Come on'과 머디 워터스의 'I Want to Be Loved'였다. 하지만 문제는 스톤즈는 물론이고 프로듀서를 맡은 앤드류까지 스튜디오 경험이 전무하다는 점이었다. 스튜디오에서는 라이브에서의 에너지를 전달할 수 없었다. 결국 데카 레코드는 물론이고 스톤즈 역시 이해하지 못할 결과물이 나오고 말았다. 재녹음 과정을 거쳐 음반은 그해 6월 7일에 발매했다. 문제 투성이의 녹음이었지만 팬들에겐 큰 장애가 되지 못했다. 이미

스톤즈는 런던의 대세였고 절반의 성공이긴 했지만 음반 차트 21위에 오르는 성과도 거두었다. 찰리, 빌, 스튜는 투어를 위해 생업을 그만두었다. 그들도 이제 프로 뮤지션이다.

첫 싱글 발표 후, 앤드류는 런던 클럽 씬에 국한되어 있던 그들의 지명도를 전국으로 확대하기 위해 방송을 이용하기 시작했다. 때마침 새로운 경향의 밴드 음악이 젊은이의 마음을 사로잡고 있음을 파악한 iTV와 BBC는 신예 밴드의 라이브를 프라임 타임에 소개하기로 결정했다. 롤링 스톤즈는 iTV의 프로그램 〈Thank Your Lucky Stars〉〈Ready, Steady, Go〉, BBC의 〈Top of the Pops〉에 출연하며 라이브 뮤지션으로서의 진가를 전국에 알렸다. 하지만 언론의 반응은 이상하게 흘러갔다. 언론은 '원숭이' 또는 '야만인'이라는 표현으로 스톤즈를 깎아 내렸고 못생기고 투박한 이미지로 묘사했다. 그러나 틴에이저의 감성을 정확히 인지하고 있던 앤드류는 쏟아지는 악평을 기회로 삼았다. 기자들은 부모 세대였고 아이들은 부모가 싫어하는 것이라면 무엇이든 좋아하게 되어 있었다. 또 스윙잉 런던이라는 청춘의 공기를 담아내는 데 충실했던 런던의 스톤즈는 리버풀 비틀즈의 라이벌로 부각되는 효과도 있었다.

방송 출연 중에도 이들의 클럽 공연은 계속됐는데 안타깝게도 7월부터 9월까지 78회의 클럽 공연에서 그들이 얻은 수익은 고작 3,592파운드였다. 당시 물가를 고려하더라도 얼마 되지 않는 액수였다. 대부분 스튜의 밴을 타고 이동했으며 모텔 대신 밴에서 자는 날도 있었다. 하지만 이전 런던 클럽에서의 폭발적인 반응이 전국에서도 그대로 이어졌다.

첫 싱글의 성공에도 불구하고 카피 밴드로서 한계를 느낀 앤드류는 1963년 9월 존 레논과 폴 매카트니를 스톤즈가 공연 중인 클럽으로 초청했다. 그 자리에서 레논과 매카트니는 부분적으로 작곡된 'I Wanna Be Your Man'을 완성했고 이를 스톤즈에게 제공했다. 이러한 상황을 목격한 믹과 키스 콤비는 두 번째 싱글을 확보함과 동시에 스스로 곡을 만들어야 겠다는 필요성을 느낀다.

이어지는 스톤즈의 투어는 에벌리 브라더스, 보 디들리[25], 리틀 리차드[26] 등 베테랑 미국 뮤지션과 함께 영국 전역에서 공연하는 패키지 투어였다. 이는 스톤즈가 그만큼 미국적 전통에 근접한 뮤지션이기 때문에 가능했다. 공연 환경은 정돈되지 않았고 수익 배분은 갱단의 이권 사업과 다름없었다. 그럼에도 불구하고 당시 투어는 스톤즈가 성장할 수 있는 계기였다.

키스는 당시 최고의 리듬 기타리스트 돈 에벌리의 컨추리 기타가 쓰는 오픈 튜닝을 유심히 관찰했다. 오픈 튜닝은 60년대 후반 키스가 작곡한 수많은 걸작의 토대가 되었고 키스는 최고의 리듬 기타리스트가 된다. 에벌리가 오른팔을 크게 돌리며 연주하는 일명 '풍차 돌리기'는 몇 번 따라하다가 그만두었는데 그 사이 더 후(The Who)[27]의 기타리스트 피트 타운센드가 키스로부터 이 동작을 모방해 그의 트레이드마크로 삼게 된다. 또한 투어 중에 키스는 드럼보다 살짝 앞서 가는 기타로 독특한 그루브를 만드는 방법을 터득했다. 이를 위해 키스는 관객석을 등진 채 찰리를 바라보며 연주했다. 그들에게 로큰롤은 하나의 놀이였지만 어느 순간에도 음악에 대한 진지함을 잃지 않았다. 평단의 리뷰는 호의적이지 않았지만 관객들의 반응은 헤드라이너(공연 중 가장 나중에 등장하는 가장 중요한 뮤지션)를 능가할 정도로 뜨거웠다. 마지막 공연에 헤드라이너 에벌리가 나왔음에도 관객들은 여전히 스톤즈를 연호했고 일부 관객은 에벌리를 향해 오물을 투척했다. 평단은 항상 공연장의 관객보다 느리게 반응한다.

패키지 투어가 끝난 후 앤드류는 영국 전역의 공연을 닥치는 대로 섭외했다. 이 와중에 제일 고생한 것은 영국 전역을 돌며 5,300마일 이상을 운전해야했던 국민 드라이버 스튜였다. 전국 공연의 중반 즈음 스튜는 새 차를 구입했다.

해를 넘긴 1964년 2월 스톤즈는 다음 싱글로 버디 할리의 곡 'Not Fade Away'를 선택한다. 믹과 키스는 버디 할리의 원곡을 보 디들리 풍으로 해석, 다른 곡으로 재탄생시켰다. 4월에는 영국에서 첫 앨범 〈The Rolling Stones〉를 냈고, 5월에는 미국에서 〈England's Newest Hit Makers〉를 발매한다. 데카가 미국 시장 공략을 위해 만든 런던 레코드에서 미국판을 별도로 발매했고 영국 시장은 싱글 위주로 공략했기 때문에 한동안 미국판과 영국판의 발매 시점 및 수록곡이 달랐다.

믹과 키스의 공동 작곡인 'Tell Me'와 팀 전체의 작업이 반영된 낸커 펠지(Nanker Phelge)의 이름으로 발표한 두 곡을 제외한 나머지 9곡은 기존의 블루스 고전을 재해석한 곡으로 리듬앤

블루스에 대한 애정이 듬뿍 묻어난다. 믹과 키스 콤비가 작곡한 'Tell Me'는 앤드류 올드햄의 강요에 의해 스튜디오에서 작곡되었으며 그들이 좋아했던 파워풀한 리듬앤블루스가 아니라 다소 단순한 발라드에 가까웠다. 아직 그들의 음악적 취향과 라이브에서의 에너지를 고스란히 작곡에 투영시킬 수 있을 만큼의 역량은 갖추지 못한 것 같다.

앨범 속 해설지에 앤드류는 '스톤즈는 단순한 그룹 이상이며 하나의 생활 방식이다'라고 적었다. 앤드류 올드햄의 탁월한 점은 스톤즈가 단순히 공연만 잘 하는 그룹이 아니라 새로운 세대를 대표할 전형성을 지니고 있음을 간파했다는 점이다. 전후 세대의 아이들은 보수적인 어른들에게 잔뜩 화가 나 있었고, 아이가 얌전하게 자라 법관이나 의사가 되기를 원하는 부모들의 바람과 달리 주말이면 클럽에 나가 미친 듯이 춤을 췄다. 그러한 흐름은 결국 런던의 다운타운을 뒤흔들며 '스윙잉 런던'이라는 뜨거운 공기를 형성했다.

미국으로

스톤즈가 영국에서의 인지도를 넓혀가고 있던 1964년 2월, 비틀즈는 에드 설리반 쇼에 출연하며 미국을 휩쓸었고 영국 뮤지션은 이제 새로운 꿈을 꾸게 된다. 비틀즈와 유사한 상큼한 머지비트 밴드들에게 먼저 기회가 돌아갔고 스톤즈와 같은 블루스 밴드가 그다음이었다. 앤드류는 서둘렀다.

1964년 6월 첫 미국 투어가 있었다. 미국에 'Not Fade Away' 단 한 곡만을 발표한 이른 시점이지만 스톤즈가 뉴욕 공항에 도착했을 때 500명의 열성적인 소녀 팬들이 그들을 환영했다. 투숙한 호텔 근처에는 팬들이 서성거렸고 스톤즈를 모방한 아이들의 긴 머리를 손봐주기 위해 경찰은 가위를 가지고 돌아다녔다. 그리고 6월 5일 LA 인근 샌 베르나디노에서 미국 첫 공연이 있었다. 4,500명의 팬이 모인 이 공연은 성공적이었고 믹의 역동적인 가위차기에 소녀 팬들은 열광했다.

샌안토니오 쇼를 거쳐 그들이 향한 곳은 윈디시티 시카고의 2120 남미시간 거리, 체스 레코드였다. 엔지니어 론 말로의 도움을 받아 스톤즈는 현대적인 스튜디오에서 깊이와 멋을 갖춘 사운드를 뽑아낼 수 있었다. 하지만 기술적인 내용은 일부분에 불과했다. 여기서 그들은 자신들의 우상 머디 워터스와 척 베리를 만날 수 있었고, 이때 얻은 영감과 자신감은 스톤즈를 한 단계 성장시켰다. 단 며칠 동안의 작업이었지만 결과물은 놀라웠다. 스톤즈 최초의 베스트 싱글이면서 첫 영국 차트 1위 곡 'It's All Over Now'와 미국 진출의 교두보가 될 'Time Is On My Side'를 여기서 녹음했고 그 외의 녹음은 영국 EP(미니앨범)인 〈Five By Five〉로 발표했다. 이 EP는 자유롭게 잼을 하면서 얻어낸 결과물로 충만한 영감과 활기를 느낄 수 있는 앨범이다. 이 EP에는 체스 레코드에 대한 존경을 노골적으로 표시한 곡이 있는데 바로 체스 레코드의 주소인 '2120 South Michigan Avenue'가 그것이다. 블루스 잼에 기반을 두고 타이트한 사운드를 펼치는 당시 스톤즈는 어쩌면 같은 런던의 클럽 씬 출신이며 이후 영국에 충격을 몰고 올 크림[28]과 유사한 음악을 했다.

하지만 이후의 미국 투어는 기대 이하였다. 정규 앨범 하나 없고 방송 출연도 없었던 영국 아이들 스톤즈가 미국 시골에까지 알려져 있을 리 없었다. 미니애폴리스에서의 공연에는 1500명 정원의 공연장에 단지 400명의 팬들만 왔다. 그나마 음악에 관심이 없는 바이크족이 대부분이었다. 이때 스톤즈는 특이한 경험을 했는데 종이컵에 콜라를 마시고 있는 키스에게 경찰이 다가와 총을 겨누고 "공공장소에서 술을 마시지 말라."고 경고한 것이다. 당시 미국 사회는 유럽 사회보다 훨씬 권위적이었다. 이는 아메리칸 드림을 꿈꾸며 미국을 찾은 스톤즈에게 큰 충격이었다. 미국의 전후 세대는 이런 권위적인 공간 속에서 로큰롤이 주는 격렬한 해방감을 탐닉했다. 하지만 아직 때가 아니었다. 디트로이트, 피츠버그, 클리블랜드, 해리스버그에서의 공연을 이어갔지만 공연장은 텅텅 비었다. 유쾌한 상황은 아니지만 이런 경험으로 밴드는 다시 한 번 성장한다. 자신을 좋아하지 않는 청중을 설득하는 과정을 통해 자신을 되돌아 볼 계기가 되었기 때문이다.

더불어 또 한 가지 낙이 있었는데 미국이 블루스와 흑인 음반을 수집하기에 훨씬 유리한 곳이라는 사실이었다. 이때 접한 제임스 브라운[29], 오티스 레딩[30], 샘 쿡[31], 슈프림스[32], 템테이션스[33], 스티비 원더 등 최신 소울 음반은 향후 스톤즈의 디스코그라피에 새로운 활력소가 된다. 스톤즈의 첫 미국 투어 마지막으로 열린 뉴욕 카네기홀 공연에서 비로소 스톤즈다운 공연을 할 수 있었다. 팬들은 열광했고 의자를 집어던지며 무대로 다가왔다. 덕분에 스톤즈 다음 밴드는 공연을 취소해야 했다.

영국으로 돌아왔을 때도 유쾌하지 않은 일이 이어졌다. 그들의 숙소는 도둑을 맞았고 미국 투어 동안 까마득히 잊고 있었던 키스의 여자 친구 린다 키스가 교통사고로 병원에 입원해 있었다. 투어에서 돌아온 키스는 여자 친구에게 입을 맞추며 울먹거렸다. "난 괴물이 아냐. 그렇게 역겨운 놈은 아냐." 사람들은 키스를 빈둥거리는 정키[34]로 기억하지만 그의 한구석에는 누구보다도 순수한 면이 있다.

미국에서의 경험은 스톤즈를 한층 성장시켰다. 음악적으로 새로운 자양분을 흡수했고 그들이 동경해왔던 미국 사회의 속내를 발견했으며 그들의 성공을 위해 무엇이 필요한 지 정확히 파악할 수 있었다. 이를 바탕으로 같은 해 10월 두 번째 미국 투어에 나섰는데 〈에드 설리반 쇼[35]〉 출연에 힘입어 당시 투어는 가는 곳마다 대성공을 거두었다.

이어지는 스톤즈의 음악은 미국의 전통과 현재를 탐색하는 작업이었다. 1964년 하반기 롤링 스톤즈는 정통 블루스에 근접한 'Little Red Rooster', 'Heart of Stone', 'What a Shame'을 차례대로 히트시켰고 정규 앨범에는 미국 또는 흑인 음악의 현재인 소울을 적극적으로 수용했다.

'Satisfaction'

1965년으로 넘어가면서 믹과 키스의 작곡 능력은 본 궤도에 올랐다. 키스가 트래디셔널 가스펠송에서 영감을 얻어 만든 'The Last Time'은 스톤즈 특유의 비트와 그루브 그리고 세대의 감성을 담고 있다. 이어 스톤즈 최고의 싱글 중 하나로 누구나 만족할 수밖에 없는 곡인 '(I Can't Get No) Satisfaction'이 탄생한다. 이 곡으로 스톤즈는 미국에서 처음 1위에 오른다. 또 NME[36] 독자투표에서 1965년 최고의 곡으로 꼽혔으며 『롤링 스톤』은 역사상 가장 중요한 500개의 곡 중 두 번째로 이 곡을 선정한다. 'Satisfaction'은 특히 흑인 뮤지션의 집중적인 사랑을 받았는데 오티스 레딩과 60년대 흑인 여성 보컬의 양대 산맥인 아레사 프랭클린, 다이애나 로스가 이 곡을 리메이크했다. 곡의 모티브는 키스로부터 만들어진 것으로 알려져 있는데 모텔에서 자다 일어나보니 테이프 레코더가 곡의 아이디어가 될 만한 부분은 겨우 2분, 나머지 40분은 코 고는 소리로 채워져 있었다는 것이다. 하지만 이를 바탕으로 믹과 키스가 무릎을 맞대고 완성한 곡이 바로 'Satisfaction'이다. 당시 마르사 앤 반델라스[37]의 'Dancing in the Street'과 유사함을 느낀 키스는 싱글 컷을 원하진 않았지만 이틀 후 할리우드에서 찰리가 비트를 바꾸고 키스의 기타에 강한 퍼즈 톤(탁하게 왜곡된 기타 톤)을 넣어 새로 녹음했다. 키스는 그 퍼즈 톤을 좋아하지 않았지만 스튜를 포함한 멤버들의 민주적 투표에 의해 결국 퍼즈가 들어간

후자가 선택되었다. 그리고 퍼즈 톤이 실린 기타 리프(곡의 토대가 되는 반복 악절)는 그 자체로 로큰롤의 고전이 된다. 이어지는 앨범 〈Out of Our Head〉의 상당 부분에서 우리는 당시 스톤즈, 특히 믹 재거의 관심이 소울로 향하고 있음을 알 수 있다. 믹은 마빈 게이, 오티스 레딩, 샘 쿡, 솔로몬 버크[38] 그리고 돈 코베이[39]의 소울을 리메이크했다.

다음 싱글 'Get Off of My Cloud'에서 믹은 'Satisfaction'으로 얻은 갑작스러운 인기와 대중의 관심을 자신이 얼마나 혐오하고 있는지 표현했다. 그리고 20대가 되면서 발견한 답답하고 경직된 어른 사회의 모습, 기대와 달리 영국보다 더 권위적인 미국 사회와 그 속에서 느낀 소외를 담으려 했다.

저작권 문제

로큰롤은 백인이 흑인 음악을 가져오는 과정이었고 저작권의 의미가 없던 시절 많은 문제가 있었다. 대표적 예가 빅마마 쏜튼의 곡을 가져온 엘비스의 'Hound Dog'이다. 롤링 스톤즈의 'It's All Over Now' 역시 바비 워맥[40]의 곡을 헐값에 사들인 것이다. 또 잼을 통한 작업 과정은 세션과 많은 문제를 낳았는데 대표적인 예가 라이 쿠더[41]가 1969년 전후에 펼쳐진 스튜디오 작업 동안 자신의 아이디어를 빼앗겼다고 불만을 토로한 것이다.

후배 뮤지션과 스톤즈 간의 문제도 있는데 90년대를 대표하는 버브[42] 최고의 곡 'Bitter Sweet Symphony'가 그렇다. 버브는 합의 하에 'Last Time'의 오케스트라 버전에 있는 후렴구를 사용했는데 60년대 발표된 모든 스톤즈 앨범의 권한을 갖고 있는 앨런 클라인이 사용 범위를 넘어섰다며 소송을 걸어 전체 크레딧이 믹과 키스에게 가게 된다. 버브의 리더, 리차드 애쉬크로포드는 이 곡이 지난 20년간 롤링 스톤즈 최고의 곡이라 비아냥거렸고, 사실 1971년 발표된 'Brown Sugar' 이후 발표한 롤링 스톤즈의 어떤 곡보다 큰 히트를 기록했다.

악행일지

비틀즈와 대비되는 스톤즈의 악동 캐릭터가 주목받은 데는 스톤즈의 영민한 매니저 앤드류 올드햄의 역할이 큰 것으로 알려져 있다. 클럽에서 하던 대로 거칠고 자유분방하게 연주하는 스톤즈의 방송 공연에 대해 보수적으로 반응하는 언론을 앤드류 올드햄은 역이용하였다. 대표적인 예가 1964년 3월 『멜로디 메이커』의 기사인 '당신의 여동생이 롤링스톤과 같이 가도록 놔두겠습니까?'이다. 이 기사로 롤링 스톤즈는 악동으로의 위상을 높였지만 사실 앤드류가 작성, 제공한 기사였다.

사실 스톤즈는 원래 비뚤어진 아이들이었다. 스톤즈와 오랜 기간 작업해 온 미국의 스튜디오 뮤지션 잭 니체는 스톤즈에 대해 이렇게 고백한다.

"믿을 수 없었어요. 이런 인간들은 이전에 본 적이 없거든요. 스톤즈는 만나는 모든 이에게 'Fuck You'를 내뱉었어요."

스톤즈의 말투, 외모 그리고 음악은 클럽에서 놀던 불량한 아이와 다를 바가 없었다. 기성세대의 눈에 거슬리는 악행은 쉽지 않고 스톤즈를 따라다녔다. 어른이 된 그들에게 악행은 시련을 동반했고 시련의 강도에 비례하여 그들은 괴물이 되어 갔다. 창조적인 영감과 놀라운 에너지의 로큰롤 몬스터.

공연장에서의 난동

1964년 영국에서 스톤즈의 모든 공연은 실로 뜨거웠다. 하지만 너무 뜨거웠다. 1964년 1월 스코틀랜드 글래스고우 공연에서 팬들은 무대 위로 난입했고 단 세 곡 만에 공연을 종료해야만 했다. 4월에는 몇 곡 만에 공연을 중단하는 일이 잦아졌고 가장 극단적인 경우는 4월 30일 버큰헤드에서 열린 공연으로 커튼이 올라가자마자 공연이 종료된 것이다. 여름이 되자 팬들은 더욱 폭력적이었고 7월 24일 블랙풀에서의 공연은 최악의 폭동으로 이어졌다. 만여 명의 관객 중 몇몇은 최악의 터프가이였고 순식간에 술 취한 이들의 난동이 시작되었다. 공연장 한 구석에서는 패싸움이 발생했고 술 취한 관중 중 하나는 키스의 부츠에 침을 뱉었는데 키스는 그를 걷어차 버렸다. 공연은 서둘러 막을 내렸고 스튜가 무대에서 악기를 급하게 챙기는 사이 스톤즈는 살기 위해 황급히 도망쳐야만 했다. 새벽 3시 스

1964년 롤링 스톤즈 공연 중의 폭동.
(출처: http://fromthebarrelhouse.wordpress.com)

톤즈는 스튜가 운전하는 밴을 타고 20마일 떨어진 호텔로 돌아왔고 불가피하게 밤새 경찰의 경호를 받았다.

스톤즈의 공연장은 팬들의 계급과 취향이 충돌하는 공간이기도 했다. 8월 남부 잉글랜드의 저지 섬에서 터진 폭동은 유행에 민감한 노동 계급인 모드 족과 거친 노동계급인 로커 간의 충돌이었다. 난동은 영국뿐만 아니라 프랑스에서도 발생했고 올림피아 극장의 폭력 사태에서 150명이나 체포되었다. 가끔 스톤즈가 원인을 제공하기도 했다. 이듬해 1965년 9월 히틀러의 집회가 있었던 서베를린에서 스톤즈는 23,000명의 팬 앞에서 야외 공연을 했다. 믹의 나치식 제스처에 독일 팬들은 흥분했고 경찰은 곤봉을 휘두르며 진압했다. 알타몬트 이전 최악의 사태였다. 소란스러운 반응은 비틀즈 팬들의 경우도 마찬가지였지만 스톤즈의 공연에는 유독 폭력 사태가 빈번했다. 이는 전후 세대들이 불만을 표출하는 방식이기도 했다.

1966년 스톤즈는 앨범 〈Aftermath〉를 발표하며 진정 거대해졌다. 이 앨범 역시 많은 부분을 시카고 블루스에 빚지고 있으나 믹과 키스는 전 곡을 작곡하며 다른 영국 밴드와 차별화를 시도했다. 그래서 이미지와 대중성뿐만 아니라 음악성에 있어서도 비틀즈의 대항마로 떠올랐다. 이때까지 기타와 하모니카를 주로 연주했던 브라이언 존스는 시타르(인도의 현악기), 덜시머(해머로 치는 현악기), 보틀넥 기타, 12현 기타, 마림바(실로폰의 일종) 등 곡마다 다른 악기를 이용해 사운드를 확장시켰다. 곡 작업에 자신감이 생기자 믹은 노랫말로 개인적인 얘기를 하기 시작했다. 개인사라고 해봐야 3년간 매일 싸운 여자 친구에 대한 욕이었고 이런 가사를 통해 롤링 스톤즈는 악동 이미지를 공고히 했다. 'Stupid Girl'은 여자 친구에 관한 노골적인 비난이며 'It's Not Easy'는 여자들을 꼬시는 것에 관한 이야기, 'Mother's Little Helper'는 마약에 대한 암시가 삽입된 역사상 첫 번째 곡이다.

물론 앨범에는 'Lady Jane', 'I Am Waiting'과 같은 순수하고 서정적인 발라드도 수록되어 있다. 앨범의 마지막은 블루스와 싸이키델릭의 연결고리를 발견할 수 있는 11분간의 실험적인 잼 'Goin' Home'이다. 필 스펙터('Wall of sound'라는 독창적인 사운드를 만든 유명 프로듀서)의 영향이 느껴지는 이 곡의 LA 녹음 기간 동안 비치 보이스의 브라이언 윌슨도 참관했고 같은 해 브라이언 윌슨은 60년대 사운드의 결정판인 'Pet Sounds'를 녹음한다. 롤링 스톤즈는 미국의 블루스를 모방하는 것을 넘어 이제 새로움을 창조하는 데에 이르렀다. 그들은 흉내 내기 대신 음악적 근원을 이해하는 데 주력했고 믹의 보컬은 미국인 악센트를 흉내 내는 대신 런던 악센트를 그대로 사용했다. 오히려 이런 부분이 미국인들에겐 신선하게 들렸고 그들의 개성으로 작용했다. 〈Aftermath〉는 영국 차트 2위, 미국 차트 1위라는 큰 성공을 거두며 모든 측면에서 당시 비틀즈의 앨범과 비교해도 떨어지지 않는 최초의 결과물로 남았다.

뮤즈, 에로스라는 엔진

1964년 3월 스톤즈는 윈저 파티에 참석했고 거기엔 폴 매카트니와 그의 여자 친구 제인 애셔, 그녀의 오빠 피터 애셔 그리고 피터의 친구 존 던바와 그의 17살짜리 여자 친구도 있었다. 그녀가 등장하자 모든 이는 숨을 멈출 수밖에 없었다. 긴 금발, 푸른 눈동자, 풍만한 몸매, 짙은 입술. 그녀는 백인의 로망이었다. 이름은 마리안느 페이스풀. 모든 이가 넋을 잃고 있을 때 단 한 명의 두뇌는 부지런히 움직였다. 앤드류 룩 올드햄. 이 영악한 악마는 오히려 적을 가까이했다. 그녀의 남자 친구 존 던바를 통해 마리안느의 노래 실력을 확인한 앤드류는 즉시 마리안느의 전화번호를 확보했다.

당시 그녀는 커피숍의 작은 무대에서 포크를 부르며 런던 사교계의 꽃으로 떠오르는 중이었다. 지금의 홍대가 여러 여신이 난립하는 그리스라면 당시 런던은 마리안느 홀로 여신으로 군

림하는 일신교의 세상이나 마찬가지였던 것이다. 윈저 파티 이후 앤드류는 마리안느를 스튜디오로 데려왔고 믹과 키스를 호텔방에 감금한 후 마리안느를 위한 곡을 쓰라고 강요했다. 그렇게 하여 알토 톤의 단순한 노래 'As Tears Go By'가 탄생했는데 이 곡은 그해 여름을 뜨겁게 달구었다.

'Satisfaction'의 히트로 뜨거웠던 1965년 9월, 스톤즈는 유럽 투어를 진행했다. 그리고 록음악계에 실험과 변화의 바람이 불던 1967년 1월 롤링 스톤즈는 〈Between the Buttons〉 앨범을 통해 다소 실험적인 로큰롤이라는 절충적 방법론을 선택한다. 이 앨범에는 독보적인 로큰롤 'Let's Spend the Night Together'가 수록되어 있고 로큰롤의 비트 속에서도 아름답고 멜랑콜리한 감정을 표현한 곡이 하나 있는데 린다 키스에 대한 키스의 스완송(마지막 노래) 'Ruby Tuesday'가 그것이다. 이 앨범은 앤드류 올드햄이 제작한 마지막 앨범이며 어떤 앨범보다 앤드류의 역량이 발휘된 앨범이다. 앤드류는 사운드적 실험을 리드했고 브라이언은 〈Aftermath〉에서처럼 멀티 플레이어의 역할에 충실했으며 키스는 강한 기타 사운드로 앨범 전체를 리드한다. 믹은 'She Smiled Sweetly', 'Who's Been Sleeping Here'에서 밥 딜런의 영향이 느껴지는 모호하고 복잡한 가사를 썼다. 앤드류, 믹, 키스, 그리고 브라이언의 역량을 고르게 활용한 수준 높은 사운드의 앨범이다. 이 앨범은 약물과 플라워 파워(꽃을 든 히피들의 시대인 67년 여름)의 시대가 본격적으로 시작되기 전에 만들어졌다. 싸이키델릭[43]은 사운드의 확장과 히피의 공동체 의식을 의미했지만 한편으로는 블루스에 기초한 록과 차별화되는 멜로디가 살아 있는 팝을 의미했다. 앨범의 마지막 'Something Happened to Me Yesterday'는 링고 스타 풍의 노래다. 그해 그들에게 정말 무슨 일이 일어나고야 만다.

약물, 소송, 수감

1967년 2월 악명 높은 잡지 『타블로이드』 세계 뉴스는 믹이 LSD(당시 유행했던 환각제)를 사용하고 있다는 기사를 낸다. 사실 이 기사는 한 덜 떨어진 세계 뉴스의 리포터가 술에 취해 자신을 리더로 소개한 브라이언을 믹으로 착각한 데서 유래한다. 기사의 경위야 어쨌든 당시 스톤즈가 마약 복용을 하고 있던 것은 사실이었다. 이맘때쯤 마리안느 페이스풀은 BBC 토크쇼에서 마리화나의 효용을 얘기하며 마리화나 페이스풀로 불릴 정도였다.

조심해야 마땅할 시점에 스톤즈는 더 큰 사고를 저질렀다. 약물에 있어 앞서가는 경험을 위해 뉴욕의 마약왕 데이빗 슈나이더만을 초청한 것이다. 이어 조지 해리슨과 그의 아내인 패티 해리슨(에릭 클랩튼의 'Layla'의 주인공)까지 초대했고 브라이언과 아니타는 격렬히 싸운 탓에 런던에 남아 있는 상태였다. 고객의 품격에 맞게 데이빗 슈나이더만은 마법 같은 환각 여행을 제공했다. 그 사이 한 내부 고발자가 이 사실을 세계 뉴스에 알렸고 물증이 필요한 세계 뉴스는 서섹스 지역 경찰에 이 사실을 전했다. 스무 명의 경찰이 들이닥쳤을 때 조지를 비롯한 손님들은 충분히 즐긴 후 떠난 상태였고 경찰은 물증을 확보한다. 믹과 키스는 재판을 위해 모든 작업을 중단했다. 재판은 6월로 예정되었고 각각의 스톤즈는 여행을 통한 휴식을 원했다. 하지만 믹과 마리안느, 브라이언과 아니타 그리고 키스가 떠난 모로코 여행은 예상치 못한 결말로 흘렀다. 브라이언의 구타에 못이긴 아니타가 키스와 함께 모로코를 떠나 버린 것이다.

3월에는 소송 비용을 벌기 위한 16일짜리 짧은 유럽 투어를 진행했다. 브라이언은 충분히 망가진 상태였지만 공연은 나쁘지 않았고 이때 그 어떤 록밴드도 밟지 못한 철의 장막, 폴란드 바르샤바에서의 공연이 있었다. 철저한 통제 속에 스탠딩을 금지한 공연이었고 당시 공연을 보지 못한 3,000명의 군중 소요를 진압하기 위해 경찰은 최루탄과 물대포를 동원했다. 6월에 열린 법정에서 판사는 키스에게 징역 1년과 500파운드의 벌금을, 믹에게는 징역 3개월과 100파운드의 벌금을 구형했다. 당시 믹은 런던 브릭스턴 형무소에, 키스는 웜우드에 구속되지만 다음날 상부심에서 각각 7,000파운드의 보석금으로 풀려난다. 하룻밤의 구속 생활이었지만 소탈한 키스는 많은 친구를 사귀는 등의 놀라운 적응력을 보였고 자부심이 강한 믹은 고통스러운 밤을 보냈다. 이곳에서 믹은 다음 앨범에 수록할 '2000 Light Years from Home'의 가사를 쓴다.

당시 그들의 라이벌이자 친구인 '더 후'가 스톤즈를 옹호하기 위해 공연을 했고 뉴욕의 성난 팬들은 피켓을 들고 영국 대사관 앞에 집결했다. 결정적인 반전은 『더 타임즈』의 윌리엄 리즈모그가 '누가 나비를 바퀴로 짓밟으려 하는가?'라는 기사로 그들에게 제시된 가혹한 형벌을 비판한 것이다. 사태가 커지자 적대적이던 언론이 오히려 아군으로 돌변했다. 게다가 7월 6일 있었던 브라이언 존스의 재판에서 브라이언이 의식을 잃고 쓰러진 사건은 여론을 호의적으로 돌려놓았다. 운명의 7월 31일, 키스에 관한 혐의는 몇몇 증거들이 받아들여지지 않으면서 파기되었고 믹은 혐의가 인정되었으나 집행유예로 석방되었다.

하지만 브라이언의 고난은 끝나지 않았다. 재판은 계속 이어졌고 이듬해 3월 키스의 옛 애인이며 브라이언의 애인인 린다 키스가 브라이언의 집에서 마약 과용으로 의식을 잃은 채 발견된다. 당시 스톤즈의 앙숙이었던 세계 뉴스는 '약물과 벌거벗은 스톤즈 걸'이란 악의적 제목으로 이 사건을 보도한다. 브라이언에게 약물보다 심각한 문제는 악의적인 미디어라는 스타덤의 함정이었다. 믹은 브라이언의 약물 문제로 투어를 진행 못하는데 불만이 컸다. 꽃의 여름[44]이던 1967년 브라이언은 미친 듯 사랑했던 여자 아니타를 잃었고 그룹 내에서의 주도권은 믹과 키스에게 완전히 내주었다.

골치 아픈 해였던 1967년 11월, 스톤즈는 〈Their Satanic Majesties Request〉를 발표했다. 어떤 이들은 이 앨범을 비틀즈의 〈Sgt.Pepper's lonely heart club band〉의 카피본으로 기억하지만 곡 하나하나는 나쁘지 않다. 스톤즈는 싸이키델릭이 본격적으로 유행하기 이전인 1966년 9월에 이미 싸이키델릭한 싱글

'Have you seen your mother, baby, standing in the shadow'를 발표한 바 있다(이 곡은 지미 헨드릭스의 싱글 이전에 기타 피드백을 써서 발표한 곡이기도 하다).

샌프란시스코의 싸이키델릭은 포크를 하는 히피들이 블루스적인 즉흥성과 에너지를 만나며 생성되었다. 블루스로 시작한 롤링 스톤즈는 포크와 팝을 받아들이고 비아냥거리며 자기만의 싸이키델릭을 획득했다. 이 앨범은 시대의 경향을 의식해서 작위적으로 만든 음반이 아니라 개인적인 경험을 바탕으로 만든 앨범이다. 롤링 스톤즈의 가장 탁월한 역량은 어떤 장르에 접근하더라도 그것의 핵심을 담아낸다는 점이다. 이 앨범에서는 맑은 팝 'She's a Rainbow', 오토튠[45]을 연상시키는 빌 와이먼의 'In Another Land', 'Gomper'의 인도 음악, '2000 Light Years from Home'의 스페이스록, 'The Lantern'의 드림팝 등이 그 예가 된다.

문제가 있다면 충실한 로큰롤이 없다는 점이다. 스튜디오가 대세라지만 스톤즈는 줄기차게 라이브 에너지를 가지는 로큰롤을 해오지 않았던가. 스톤즈가 아니었다면 이 앨범은 1967년의 괜찮은 앨범으로 기억되겠지만 라이브 에너지를 제대로 살리지 못했다는 점에서 주인을 잘못 만난 셈이다.

악마와의 거래

뉴저지 출신의 헝가리계 유대인 앨런 클라인은 고아원에서 강하게 키워졌다. 뮤직 비즈니스에 대한 감각과 더불어 '어떻게 하면 돈을 뜯어낼 수 있을까'에 대한 탁월한 재능도 가지고 있었다. 60년대 중반에 이르러 앨런 클라인은 데이브 클락 파이브[46], 애니멀스[47], 도노반[48] 등 영국 뮤지션으로부터 돈을 긁어모으기 시작한다. 물론 그도 진짜 돈다발은 비틀즈가 가져다줄 수 있다는 사실을 알고 있었다. 하지만 비틀즈는 브라이언 엡스타인이 지키고 있었고 그는 대안으로 스톤즈를 선택한다. 천만 장의 싱글과 500만 장의 앨범 판매에도 불구하고 계약상의 문제로 스톤즈는 늘 현금이 부족했다. 호주 투어에 대한 배당금을 받지 못한 키스는 프로모터 로버트 스틱우드의 얼굴을 주먹으로 가격한 바 있다. 클라인은 스톤즈의 비즈니스 매니저가 되었고 에릭 이스턴은 해고되었으며 앤드류는 비즈니스 문제에서 손을 떼고 프로듀싱만을 담당한다. 앤드류가 음악에 대한 전문적 능력이 없었음을 감안하면 진짜 실세는 앨런 클라인이었다. 우선 앨런 클라인은 스톤즈가 저지른 다소 사소한 악행의 처리를 맡았다. 믹과 키스의 주유소 노상방뇨 사건을 처리한 것이다. 또 앨런 클라인은 1년 안에 스톤즈를 백만장자로 만들어주겠다 약속한다. 데카 회장과의 독대로 북미를 제외한 지역에 관해 125만 불 계약을 체결했고, 북미는 런던 레코드가 자신 소유의 낸커펠지 레코드에 지급하는 조건으로 5년 계약을 완료했다. 겉으로는 괜찮아 보이는 조건이었지만 스톤즈에게는 사실 최악이었다. 모든 소득은 클라인의 호주머니로 들어가게 되고 스톤즈의 모든 지출은 클라인의 통제를 받게 된 것이다. 더욱 최악은 음반에 대한 소유권이 앨런 클라인에게로 넘어간다는 것이었다.

스톤즈의 모든 것은 기성세대에 반하는 악행이었고 그들의 많은 행동은 충동적으로 느껴졌다. 하지만 스톤즈가 모든 이들에게 욕설을 남발하는 모습을 관찰한 잭 니체는 스톤즈의 또 다른 면을 언급하기도 했다.

"난 이런 방식으로 일한 적이 없어요. 스톤즈의 스태미너와 집중력은 남다르더군요. 그들은 내가 지능적이라 느낀 첫 번째 록밴드였어요. 그들은 모두 제대로 말을 했고 반짝거렸죠. 그들과 일하면서 난 레코딩에 대한 모든 생각을 바꿔야 했습니다. 스튜디오에 밴드가 모여 같이 연주하는 것을 본 것은 그때가 처음이었고 내가 스튜디오에서 자유롭다고 느낀 것도 처음이었어요."

밥 딜런

밥 딜런은 스톤즈가 미국 무대에 데뷔하는 순간부터 스톤즈의 팬이었다. 밥 딜런은 TV쇼 진행자 딘 마틴이 스톤즈를 무시하는 것을 보며 스톤즈를 비롯한 성난 젊음이 구세대를 어떻게 몰락시킬지를 예감했다. 밥 딜런은 특히 브라이언을 좋아했다. 스톤즈의 미국 투어 당시 밥 딜런이 브라이언의 숙소로 처음 전화를 걸어왔을 때 브라이언은 딜런이 자신에게 전화한 것을 믿지 못하고 욕을 하며 전화를 끊었다는 일화가 있다.

딜런은 카네기홀 공연에서 'Like a Rolling Stone'이 브라이언 존스에 관한 노래임을 밝혔고, 'Ballad of a Thin Man'의 노랫말에 등장하는 미스터 존스(Mr.Jones) 또한 브라이언 존스라는 루머가 있다. 또 딜런의 또 하나의 걸작 'Blonde On Blonde'는 자신의 호텔로 찾아온 두 명의 블론드, 브라이언과 아니타를 가리킨 것이라는 설도 있다.

한편 그들 사이에는 경쟁의식도 있었는데 딜런이 스톤즈에게 자신은 'Satisfaction'을 쉽게 쓸 수 있지만 스톤즈는 'Mr. Tambourine Man'을 쓸 수 없을 거라고 하자 믹은 딜런이 부르는 'Satisfaction'을 들어보고 싶다고 받아쳤다. 하지만 스톤즈는 밥 딜런으로부터 많은 것을 배웠고 진심으로 존경했다. 실제 딜런을 만난 후 이전과 다른 가사가 등장했으며 딜런의 포크는 스톤즈에게 새로운 방향을 제시하기도 했다.

피를 흘리며 질주하다

60년대 중반 근대적 사고에서 탈피한 전후세대가 성장하면서 새로운 국면이 전개된다. 전 시대에는 당연하게 여겨져 왔던 것들에 대해 다시 질문을 던지며 다양한 개성을 지닌 계급과 트렌드가 범람하기 시작했다. 트렌드의 중심은 롤링 스톤즈가 음악을 시작했던 런던이었고 런던의 공기는 1965년 『보그』지와 1966년 4월 『타임』지를 통해 대대적으로 보도되었다. 미니스커트와 비달 사순의 헤어스타일, 모던한 사진, 예술영화와 상업영화의 취향이 공존했으며 그 정점은 록음악이었다. 그리고 그러한 경향은 60년대 후반 약물의 영향으로 극단적인 성향을 띠게 된다. 에릭 홉스봄[49]은 20세기를 '극단의 시대'로 규정하는데 문화적 측면에서 극단은 바로 60년대 후반이었다.

로큰롤의 재발견

스톤즈의 1968년은 상대적으로 조용한 해였다. 하지만 키스의 집 레드랜즈에 있는 '5차원' 작업실에서 창조적인 작업이 이루어졌다. 브라이언이 마약 문제로 그의 재능을 발휘 못할 때 키스가 곡 작업을 주도적으로 진행했다. 그리고 그때그때 나오는 영감은 키스의 카세트 레코더에 수시로 녹음되었다. 천재는 1퍼센트의 영감보다는 99퍼센트의 노력, 그리고 기록으로 이루어진다.

60년대 후반 새로운 무언가가 록음악에서 매일 쏟아져 나왔다. 모두가 새롭고 강력한 것을 갈구할 때 스톤즈의 작업은 정반대였다. 이전에 즐겨 시도했던 사운드 실험을 대신해서 어쿠스틱 기타와 간단한 앰프를 통한 작업에 몰두했고 모두가 강력한 하드 블루스에 열광할 때 델타와 컨추리라는 기본에서 새로움을 발견했다. 'You Can't Always Get What You Want', 'Midnight Rambler', 'Street Fighting Man'의 초기 버전을 만들었고 로버트 존슨을 재해석했으며 'Street Fighting Man'과 'Jumpin' Jack Flash'를 작곡했다. 'Jumpin' Jack Flash'는 잭 다이어의 고무장화 소리에서 영감을 얻었다. 여기에 키스는 오픈 E 튜닝으로 연주하기 시작했고 빌 와이먼의 베이스 리프가 강력한 추진력을 불어넣었다. 서로가 앞 다투어 화려한 속주와 기타줄을 고문하는 테크닉을 개발할 때 키스의 오픈 튜닝은 전세를 뒤집는 발상의 전환이었다. 6개의 기타 줄을 가득 채워

연주하는 대신 5현만으로 연주한다는 발상의 전환, 복잡하지
도 직선적이지도 않지만 감칠맛 나고 삐뚤어진 의외성, 그리
고 독특하고 박력 있는 음색에 실린 그루브. 이 곡의 리프를 통
해 키스 리차드는 리프 마스터로서 자신만의 세계를 구축한다.
1968년 5월에 발매된 'Jumpin' Jack Flash'는 68혁명(프랑스 파리
를 중심으로 한 대학생과 노동자들의 사회 변혁 운동)과 반전 시위의 송
가가 된다. 영국에서 2년 만에 1위에 오른 이 곡을 두고 『롤링
스톤』지는 '스윙잉 런던에 의한 슈퍼 내추럴 델타 블루스'라 표
현했다. 비틀즈는 로큰롤을 버리고 다른 세계로 갔지만 스톤즈
는 로큰롤로 돌아왔다. 게다가 단지 돌아오는 것을 넘어 새로
운 발명을 이루어냈다.

　이 기간 스톤즈는 나름 조용한 시간을 보냈지만 세상은 그
렇지 않았다. 전후 가장 격렬한 혁명의 시간이었다. 1968년 3
월 17일 런던에서 베트남 전쟁에 반대하는 대형 평화 시위가

있었다. 믹은 급진주의자 타릭 알리의 설득에 힘입어 미대사관까지 시위에 동참했다. 하지만 결과는 처참했다. 믹은 리더십이 배제된 시위에 실망했고 이를 'Pay Your Dues'를 통해 고백한다. 그리고 이 곡은 결국 'Street Fighting Man'이 된다. 사실 'Street Fighting Man'의 가사는 전쟁을 막고 사회를 개혁하기 위한 혁명의 당위성은 인정하면서도 자신이 거리에 나서 싸우지 않는 이유에 관한 노래이다. 실제로 존 레논의 'The Revolution'과 유사한 입장이다. 또 기본적으로 어쿠스틱과 오픈 튜닝을 이용해 'Jumpin' Jack Flash'에서 사용된 방법론과 동일하게 만들어졌다.

스톤즈의 시대를 알리는 걸작 앨범 〈Beggars Banquet〉은 'Sympathy for the Devil'로 시작된다. 이 곡의 제작 과정은 장 뤽 고다르에 의해 혁신인 영화로 제작되었지만 대다수의 일반인들은 이 영화를 견디기 힘들 정도로 지루하게 받아들였다.

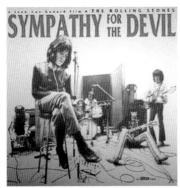
장 뤽 고다르가 연출한 「원 플러스 원」

가장 정치적인 씨네아스트(작가적 지위에 오른 영화감독) 고다르는 68혁명의 시기를 스톤즈와 함께 했다. 프랑스 작가의 글에서 영감을 얻은 이 곡의 가사는 밥 딜런식의 만연체로 쓰였다. 또 이 곡의 가사에는 다양한 역사적 사실이 등장하는데 'Who killed Kennedy?'라는 가사는 곡을 만들던 중 로버트 케네디[50]가 암살당하면서 'Who killed the Kennedys?(누가 케네디가 사람들을 죽였나)'로 바뀌었다. 믹이 처음 이 곡을 쓸 때는 포크로 시작하였으나 키스가 다양한 리듬을 추가해 삼바로 다시 만들었다. 최고의 리듬 기타리스트 키스는 화려한 솔로에는 관심이 없었지만 이 곡에서만큼은 닉키 홉킨스의 피아노 위에서 불꽃같은 기타 솔로를 선보인다. A/B면의 강력한 첫 트랙만큼 어쿠스틱하지만 은밀한 에너지를 전하는 이후 트랙도 인상적이다. 앨범의 마지막 두 곡 'Factory Girl'과 'Salt of the Earth'로 노동자에 직접적인 감사의 뜻도 전한다. 앨범 작업은 순조롭게 진행되었고 1968년 7월에 이미 출시 가능한 상태였다. 하지만 정치적 농담과 음담패설을 낙서한 변기 사진을 사용한 앨범 커버 때문에 데카는 이 앨범의 발매를 거절했다. 스톤즈 역시 레코드 레이블은 작품을 배급할 뿐이지 감시할 권한은 없다고 주장하며 앨범 커버의 수정을 거부했다. 앨범이 준비된 상태로 4개월간 줄다리기가 계속되었고 스톤즈와 데카의 관계는 크게 나빠졌다. 결국 11월에 이르러서야 스톤즈가 손을 들었고 앨범은 기존의 계획 대신 초대장 형식의 커버로 12월 발매되었다.

이맘때쯤 영국 노동당은 믹 재거에게 정치 입문을 권유한다. 믹은 심각하게 고민했지만 베트남전에 대한 노동당의 혐오스러운 입장 때문에 거절하고 스튜디오로 돌아갔다. 이듬해 말 발표할 그들의 무시무시한 걸작을 준비하기 위해.

1968년 12월 스톤즈는 TV쇼 형태의 록페스티벌 '로큰롤 서커스(Rock and Roll Circus)'를 계획한다. 섭외에 어려움을 겪었지만 더 후, 제쓰로 툴[51], 타지 마할[52]을 초청했고 존 레논, 에릭 클랩튼, 미치 미첼[53] 그리고 키스와 빌이 슈퍼 프로젝트를 결성하여 12월 10일부터 12일까지 녹화에 들어갔다. 화기애애한 분위기 속에서 나름 흥미로운 이벤트를 마친 스톤즈는 테이프를 리뷰 할 때 심각한 문제를 발견한다. 더 후의 무대가 스톤즈를 압도하고 있던 것이다. 앨런 클라인과 믹 모두 고개를 내저었고 그들은 패닉 상태에 빠진 채 재촬영을 원했으나 다시 촬영할 자금이 없었다. 결국 이 필름은 방송이 되지 못한 채 앨런 클라인의 소유로 남겨졌고 한참 후에야 출시된다.

하지만 로큰롤 서커스는 본의 아니게 그들에게 기대치 못한 선물을 하나 주게 되는데 이를 통해 앨런 클라인이 존 레논과 빈번히 만나게 된 것이다. 믹은 어떻게든 앨런 클라인을 처리하고 싶었지만 이미 모든 권한이 앨런 클라인의 수중에 있어 손 쓸 방법이 없었다. 제압하지 못한다면 또 다른 방법이 있었다. 그에게 다른 먹잇감을 주는 것이다. 앨런 클라인의 최종 목표는 비틀즈였다. 브라이언 엡스타인의 사망 이후 비즈니스 매니지먼트에 어려움이 있던 존 레논은 믹이 앨런 클라인을 추천하자 적극적으로 받아들인다. 이로써 믹은 앨런 클라인을 떼어내지만 비틀즈에게 앨런 클라인의 영입은 해체의 주요한 원인이 된다.

1969년에도 스톤즈의 영감은 멈추지 않았다. 특히 키스의 감각은 최상이었다. 1969년 5월 키스는 자신의 천재성을 증명하는 곡을 써낸다. 'Honky Tonk Women'이었다. 브라질리언 카우보이의 컨트리 송에서 영감을 받은 이 곡은 스톤즈가 아니면 그 누구도 만들 수 없는 창의적인 로큰롤이다. 새로 영입된 최강의 프로듀서 지미 밀러의 도움으로 완성된 드럼 톤은 단 몇 초 만에 곡의 즐거움에 빠져들게 하는 마력을 선보였고, 쫄깃쫄깃한 키스의 오픈 G튜닝, 그리고 곡의 끝 부분 빵빵 터지는 코러스는 누구나 바보처럼 따라 하게 만드는 중독성이 있다. 이렇게 자유분방하고 흡입력 있는 노래를 믹이 아니면 누가 부를 수 있을까? 영국과 미국의 여름은 이 곡의 매력에 출렁거렸고 양국 모두에서 1위에 올랐다. 익숙하고 쉬운 곡조지만 아무나 만들 수는 없었다. 'Jumpin' Jack Flash'와 'Honky Tonk Women'은 로큰롤이 줄 수 있는 가장 최고의 쾌락을 선물한다. 1969년은 블루스 리바이벌의 시간이었지만 롤링 스톤즈는 바로 그 1969년에 로큰롤 리바이벌이라는 새로운 의미를 부여한다.

짓밟힌 나비

〈Their Satanic Majesties Request〉의 싸이키델릭은 브라이언에게도 실망스러웠고 키스가 델타와 컨트리를 통해 발견한 것처럼 원초적인 블루스의 뿌리에서 시작하기를 원했다. 1968년 7월, 브라이언은 모로코에서 다양한 전통을 채집하는 데 성공했다. 그곳에서 브라이언은 제물로 끌려가는 양을 보며 "저게 바로 나야!"를 외쳤다는 일화가 있다. 그의 운명을 직감했기 때문일까? 모로코에서의 작업을 마치고 런던에 돌아왔을 때 믹과 키스는 〈Beggars Banquet〉 작업을 위해 LA로 떠났고 같이 작업한 엔지니어도 결과물이 재미없다고 생각했다. 폴 사이먼이 월드뮤직 붐을 일으키기 한참 전이었고 아무도 브라이언의 생각을 이해하지 못했다.

1968년 8월 브라이언은 다시 법정에 섰다. 최종 판결에서 브라이언의 정신 병력이 인정되어 50파운드의 벌금만 부과되었다. 스톤즈는 브라이언과 다시 시작할 수 있을 것처럼 보였다. 하지만 브라이언은 앨범 작업에 빠지는 일이 잦았고 약물 문제는 여전히 투어의 걸림돌이었다. 1969년 5월 베스트 앨범으로 기획된 〈Though the Past Darkly〉의 앨범 커버 작업 후 한 선술집에서 돌이킬 수 없는 문제가 발생했다. 롤링 스톤즈가 어떻게 되든 상관하지 않겠다는 브라이언의 발언에 화가 난 키스가 브라이언의 잔을 내동댕이친 것이다. 믹과 키스는 브라이언의 집을 찾아가 해고를 통보했다.

브라이언은 스톤즈를 떠난 지 불과 3주 후인 1969년 7월 2일 수영장에서 사체로 발견되었다. 정황상 믿기 어려운 소식이었다. 지난 몇 주간 브라이언은 그 어느 때보다 평온했다. 사고일까? 자살일까? 타살일까? 스톤즈의 60년대는 하루하루가 영화 같았지만 브라이언의 죽음은 그 어떤 미스터리보다 불가사의했다. 경찰은 과도한 음주로 인한 심장마비로 결론 내렸지

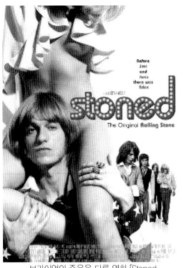
브라이언의 죽음을 다룬 영화 「Stoned」

만 그것이 사실일 가능성은 크지 않다. 당시 애인이었던 아나 홀린이 30년 후 브라이언의 집을 관리하던 프랭크 쏘로굿이 브라이언을 충동적으로 살해하였음을 언급하면서 이 정설의 신뢰성은 더욱 떨어졌다. 브라이언은 탁월한 그의 재능만큼 자신을 사랑

했고 사랑받기를 원했다. 브라이언의 재능을 알아본 모든 이들이 그를 사랑했다. 딜런, 헨드릭스, 비틀즈, 미술가, 아니타 그리고 스톤즈까지. 브라이언은 마지막 남은 스윙잉 런던의 혼이었고 늙어서는 안 될 재능이었다. 브라이언의 죽음은 어쩌면 스톤즈가 밴드를 유지할 수 있는 희생양이었다.

　브라이언을 해고하기 한 달 전부터 스톤즈는 브라이언을 대체할 기타리스트를 물색하고 있었다. 에릭 클랩튼을 원했으나 그는 이미 블라인드 페이스를 결성했다. 스몰 페이시스[54]의 로니 우드에게 전화했을 때 같은 이름의 베이시스트 로니 레인이 대신 전화를 받아 거절하는 해프닝이 있었다. 그리고 스튜가 추천한 21살의 아름다운 기타리스트, 믹 테일러가 있었다. 존

메이올 블루스 블레이커스 출신으로 그는 이미 런던 클럽 씬의 스타였다. 모든 솔로에 귀를 행복하게 하는 멜로디를 넣을 수 있었던 믹 테일러의 연주 스타일은 간결하고 샤프한 리듬을 만드는 키스와 달랐다. 하지만 그것을 창조적 시너지로 승화시키며 이후 5년간 스톤즈의 최전성기를 함께 했다. 롤링 스톤즈는 믹 테일러의 가입과 더불어 하이드 파크에서의 초대형 공연을 시작으로 의욕적으로 투어를 계획한다.

1969년 7월 5일 3년 만에 재개한 스톤즈의 공연을 보기 위해 런던 하이드 파크에는 30만 명의 관중이 모였다. 공연을 시작할 때 믹은 브라이언을 추모하기 위해 퍼시 셸리[55]의 시 아도니스를 낭송했고 2,000마리의 흰 나비를 날렸다. 3년 만의 공연이라 모두 경직되어 있었고 습기로 악기 소리가 틀어져 스톤즈 최악의 공연 중 하나가 되었다. 하지만 공연이 끝난 후 그들의 귀환에 대해 언론은 이전과 달리 호의적이었다. 비틀즈의 미래가 불확실했던 1969년 여름, 영국은 스톤즈를 필요로 했다.

공연이 끝난 후 믹과 마리안느는 영화 「네드 켈리」의 촬영을 위해 호주로 떠났다. 호주에 도착하자마자 마리안느는 150알의 진정제를 먹고 엿새 동안 코마 상태에 빠졌다. 다행히 의식을 찾은 마리안느는 브라이언의 유령이 저 세상으로 같이 가자 유혹했다고 고백했다.

알타몬트

스톤즈가 투어를 하지 않았던 3년 동안 공연의 시스템은 재정비되었고 대형 산업으로 발전해 있었다. 극장 대신 대규모 관객을 수용할 수 있는 아레나[56] 투어를 도입했고 투어의 사운드, 조명, 무대 장치는 로컬 프로모터와 함께 균일하게 관리되었다. 스톤즈는 1969년 말 미국 투어로 총 14개 도시에서 18회의 공연을 가졌으며 미국 투어의 전반적인 기획은 프로모터 빌 그래엄이 담당했고, 몬테레이[57]와 우드스탁[58]의 무대를 지휘한 칩 몬크가 무대를 디자인했으며 전체적인 보안은 그레이트풀 데드의 보안을 담당한 헬스 에인젤스가 맡았다. 믹은 60:40의 비중으로 로컬 프로모터와 수익을 배분하도록 협의했고 전체적인 일정도 직접 결정했다.

로드 매니저 샘 커틀러가 '지상 최고의 로큰롤 밴드(The Greatest Rock and Roll Band in the World)'로 소개하며 공연을 시작했다. 이 낯 뜨거운 표현에 대해 믹은 서커스단 홍보문구 같다는 이유로 싫어했지만 샘은 이 표현을 고수했다. 11월 7일 콜로라도에서 시작한 공연은 서부에서 시작해서 동부로 이동하는 순으로 진행되었다. 투어의 시작은 그다지 좋지 못했다. 스톤즈는 몇 시간씩 늦게 도착했고 로컬 프로모터와 격한 마찰로 공연이 중단될 뻔 했다. 또 아레나에서의 새로운 공연 환경에 적응하지 못했고 무엇보다도 제대로 공연을 한 지 너무 오랜 시간이 흘렀다. 수준 낮은 공연은 각종 쇼맨십으로 만회되고 있

1969년 북미 투어의 포스터.

었다. 하지만 공연을 반복할수록 차츰 제 기량을 되찾았고 투어 중반 이후에는 지상 최고의 로큰롤 밴드로서의 위엄을 여지없이 보여주기 시작했다. 키스의 불꽃같은 리듬 기타와 귀공자 믹 테일러의 유려한 연주는 관객을 사로잡았고, 오메가 셔츠와 망토를 걸친 믹의 퍼포먼스는 드라마틱하면서 흉포한 에너지로 가득했다. 'Midnight Rambler'에서 믹은 휘청거리며 심장이 터져버리도록 하프를 불어대고 키스의 찢어지는 기타 사운드가 극한의 감정을 형성한다. 곡의 절정부, 믹은 벨트를 플로어에 내리꽂고 칩 몽크가 연출하는 조명은 무대를 핏빛으로 물들인다. 이보다 공포스러운 드라마는 없으며 로큰롤 콘서트는 종합 예술로 승화되었다. 매 공연이 매진되었고 이전과 달리 언론은 스톤즈의 편이었으며 음악적 성취에 주목했다. 로큰롤 저널의 평론가들은 더욱 분주하게 움직이며 스톤즈의 공연을 평가했다. 로버트 크리츠고[59]는 이 투어를 가리켜 '역사상 첫 번째 신화적 로큰롤 투어'라 지칭했고 데이브 마시[60]는 '로큰롤 레전드의 한 부분'이며 '해당 영역(록 콘서트)의 벤치마크'라며 최고의 찬사를 아끼지 않았다. 그렇다고 그들의 공연이 양성화된 것은 아니었다. 키스의 친구인 마약 딜러 프레드 세슬러가 공연마다 백 스테이지를 서성거리며 각종 마약을 거래했다. 키스는 브라이언을 대신해서 정키의 의무에 충실했는데 투어의 끝자락인 보스턴 공연을 마치고 믹이 관객들에게 인사할 때는 "여기에 온 모든 취향의 사람들에게 인사를! 굿 이브닝 정키!"라며 키스를 흘겨보았다.

뉴욕 매디슨 스퀘어 가든의 세 차례 공연은 투어의 절정이었다. 시대의 중심에 있던 뉴요커들과 각계각층의 유명 인사들이 집결했고 규정할 수 없는 에너지가 공연장을 진동시켰다. 백 스테이지 역시 활기에 넘쳤다. 레너드 번스타인이 찾아와 인사를 건네며 새로운 작업을 제안했고 좀처럼 웃지 않는 지미 헨드릭스조차 찬사를 중얼거리며 미소를 지었다. 공연 중 술에 취한 재니스 조플린은 믹의 물건에 관해 소리쳤고 공연이 끝난 후 믹은 지미의 여자 친구 데본 윌슨을 꼬셔 그의 호텔로 데려가 삼일 밤을 즐겼다. 그날 밤 찰리와 키스는 공연을 마치고 전설적 재즈 드러머 토니 윌리엄스와 가장 빠른 오른손의 사나이 존 맥러플린의 연주를 보기 위해 뉴욕의 재즈 바를 찾았다. 스톤즈는 그들이 가진 모든 욕망에 충실했지만 그 모든 욕망을 압도하는 욕망은 바로 음악에 대한 갈증이었다.

그리고 11월 26일, 스톤즈는 샌프란시스코 인근에서 무료 콘서트를 개최할 것을 발표한다. 샌프란시스코에서 열기로 한 이유는 날씨가 좋았고 무엇보다 '씬(Scene)'이 있기 때문이었다.

하지만 여러 가지 문제로 공연이 열리기 바로 이틀 전인 12월 4일에 장소는 알타몬트로 변경됐고 회의에 참석한 투어 스탭 중 알타몬트에 가본 이는 아무도 없었다. 이틀이란 시간은 수십만이 운집할 행사의 준비 기간으로는 턱없이 모자란 시간이었고 화장실과 전력 등 각종 기반 시설에서 큰 문제가 발생했다. 우드스탁도 급작스러운 장소 변경에 동일한 문제가 있었지만 그래도 이틀 전에 장소를 바꾸진 않았다. 모든 문제에도 불구하고 전날 밤 수많은 청춘들은 모닥불을 피우고 차가운 밤을 따뜻하게 밝히며 우드스탁의 감동을 재현했다. 이에 감흥받은 키스는 공연장의 한 트레일러에서 밤을 보냈다. 인터넷도 없던 1969년, 불과 이틀 전에 결정된 장소에 수십만이 운집해서 하나의 사회를 형성할 수 있다는 것, 이는 60년대에만 가능한 현상이었다. 사람들은 지나치게 열광했고 마술피리에 홀린 듯 빠져들었다. 이상한 기운이 느껴졌다.

공연 당일 스톤즈가 헬기를 타고 내렸을 때 이상한 기운은 불길함으로 바뀌기 시작했다. 헬기에서 내릴 때 관중의 상당수는 마약에 취해 있었고 주위의 팬들은 믹을 향해 "널 증오해!"라 외치며 달려들었다. 이때까지 샌프란시스코의 히피들은 꽃을 주며 사랑한다고 말했지 증오한다는 말을 하진 않았다. 오프닝 때부터 이미 약에 취한 이들 간에 칼부림이 있었고 더 이상한 것은 경비를 맡은 헬스 에인젤스였다. 선을 그어놓고 관중들을 마구 밀쳐대는 그들의 행태는 원시적 폭력에 의한 권위에 가까웠다. 믹은 폭력 사태에 대해 보고받았지만 대수롭지 않게 생각했다. 많은 공연장에서 폭동을 봐왔고 큰 문제가 되지 않는 선에서 정리되는 것을 경험했기에 그날도 그렇게 지나가리라 믿었다.

해질녘 분위기가 차분해지자 조명에 불이 들어오고 스톤즈는 공연을 시작했다. 믹은 오메가(Ω)가 새겨진 검은 색 새틴 셔츠를 입고 나왔다. 오메가. 끝. 60년대의 끝이었다. 믹은 거듭되는 폭동에 음악을 멈추고 관중들을 진정시켰다. 또 'Sympathy for the Devil'이 끝난 후 "이 곡을 할 때마다 이상한 일이 벌어지곤 하네요."라고 불길한 느낌을 전했다. 다시 'Under My Thumb'을 연주할 때 무대 한 쪽에서 18살 흑인 소년이 흥분한 수십 명의 헬스 에인젤스로부터 심각한 구타를 당해 즉사했다. 헬스 에인젤스는 그 흑인 소년이 총을 뽑아 무대를 겨누려 했다고 주장했다. 소년의 이름은 메리디스 헌터였다. 스톤즈는 죽음에 이른 이 사태를 알지 못했고 다음 곡으로 넘어가 믹 테일러의 제안에 따라 'Brown Sugar'를 연주했다. 앨범으로 공식 발표하기 2년 전 'Brown Sugar'를 공연에서 먼저 선보이는 역사적인 순간이었지만 흑인 소년의 사망으로 이 순간은 전혀 주목받지 못했다. 공연이 종료되자 스톤즈는 서둘러 그곳을 떠났다. 싸이키델릭이 가지는 긍정적인 가능성을 설파했던 티모시 리어리가 이날의 상황을 당혹스럽게 지켜보고 있었다.

알타몬트는 60년대 '앵그리 영 멘'의 런던을 대표하는 롤링 스톤즈와 미국의 플라워 제너레이션을 대표하는 그레이트풀 데드의 만남이 될 수 있었다. 하지만 정작 결과는 과격했던 영

알타몬트와 1969년의 투어를 영화화한
「Gimme Shelter」

국의 노동 계급 문화가 약물에 탐닉했던 샌프란시스코에서 극단적 폭력을 낳았고, 이는 지나치게 낙관적이었던 시대에 대한 믿음을 흔들어 놓았다. 60년대는 이렇게 끝났다.

알타몬트에서 비극적인 사건이 있기 바로 하루 전 새 앨범 〈Let It Bleed〉가 발표된다. 스톤즈와 록 음악 역사에 있어서 60년대의 마지막 해는 지난 9년을 압축한 만큼 다사다난했다. 〈Let It Bleed〉에 이르기까지 각종 악행과 사고에도 불구하고 스톤즈는 음악적 탐구를 멈추지 않았다. 이제 완전한 로큰롤 밴드가 되는 시간이 도래한 것이다. 이 앨범에 대한 최고의 찬사는 스톤즈의 오랜 지지자인 『롤링스톤』지의 그레일 마커스를 통해 나왔다.

"거기서부터 파티로 돌아가야 한다. 우리는 스톤즈가 우리를 위해 해왔던 모든 역할을 〈Let It Bleed〉에서 발견할 수 있다. 허풍을 떠는 호색한, 악마, 금기된 영역의 사신, 급격히 변하는 세상을 질주하는 젊음. 스톤즈는 60년대에 그들 자신이 무엇을 의미했는지, 그리고 그들이 우리에게 무엇을 의미했는지를 너무나 잘 알고 있다. 그러나 앨범의 시작과 끝에서 당신은 70년대의 입구를 발견하게 될 것이다."

이만큼 앨범의 핵심을 찌르는 표현이 있을까? 로큰롤 앨범이 그 이상의 찬사를 받을 수 있을까? 〈Let It Bleed〉는 로큰롤의 본질에 충실하면서도 무한한 영감과 의미를 선물한다. 인간의 욕망에 관한 항구적 의미가 있으면서 20세기 가장 결정적인 순간의 동시대성을 절묘하게 잡아낸다. 짙은 어둠이 깔려 있지만 그것에 짓눌리지 않고 강한 카타르시스와 그루브감으로 도약한다. 로큰롤의 쾌락이 단 1초도 멈추지 않는다. 델타 블루스라는 로큰롤의 시작에서 하드록이라는 로큰롤의 끝을 정확히 관통하며 희망과 절망이라는 1969년의 공기를 이처럼 정확히 담아낸 앨범은 없다. 기타리스트는 교체되고 많은 세션으로 풍성한 스튜디오 사운드를 선보이면서도 라이브의 활기와 질감이 제대로 녹아 있다. 밴드를 시작한 멤버의 죽음과 알타몬트라는 비극적 시련의 연속 과정에서 최고의 걸작이 탄생했다. 어쩌면 그러한 시련이 최고의 걸작을 낳았다고 말할 수 있다. 도전과 시련은 롤링 스톤즈라는 악마를 더욱 강하게 만들었다.

〈Let It Bleed〉는 알타몬트와 공명을 이루며 1969년 12월, 영국에서는 1위, 미국에서는 3위에 올랐다. 당시 차트에는 비틀즈의 〈Abbey Road〉, 레드 제플린 II 그리고 크로스비, 스틸스&내시[61]와 킹 크림슨[62]의 데뷔작이 전통적이거나 새로운 음악으로 차트 1위를 다투고 있었다. 1969년은 로큰롤의 가장 고통스러운 한 해였지만 가장 창조적인 한 해이기도 하다. 60년대의 이상은 폭발하며 재가 되었지만 그래도 음악은 남았다. 우리에 겐 〈Abbey Road〉 〈Led Zeppelin II〉 〈Crosby, Stills & Nash〉 〈In the Court of King Crimson〉 그리고 〈Let It Bleed〉가 남아있다. 고마울 따름이다.

그램 파슨스

그램 파슨스(Gram Parsons)는 60년대 후반 소외된 장르였던 컨추리를 록과의 결합을 통해 대중음악의 중심에 가져다 놓았다. 아름다운 외모에 하버드 출신인 그램 파슨스는 포크록과 싸이키델릭의 역사적 앨범을 발표해왔던 버즈[63]에 가입 후, 단 몇 달 만에 컨추리록이라는 새로운 방향으로 급전환시켜 기념비적 걸작 〈Sweetheart of Rodeo〉를 만들었다.

버즈가 남아공으로 향할 때 그램 파슨스는 버즈를 그만두고 런던에 남았다. 파티, 술, 마약으로 스톤즈와 급격히 친해진 그램 파슨스는 컨추리의 하나하나를 키스에 전수했다. 그램 파슨스는 플라잉 브뤼토 브라더스를 통해 그의 비전을 실현함과 동시에 사실상 또 하나의 스톤즈로서 역할을 했다. 형제 이상으로 친해진 키스에게 그램 파슨스는 코카인 조달책이었다. 하지만 〈Exile〉 세션 당시 그램 파슨스는 남아 있는 마약을 모두 흡입했다는 이유로 키스와 크게 싸움이 붙은 후 스톤즈를 떠나버렸다.

1973년 UFO를 찾기 위해 떠난 그램 파슨스는 조슈아 트리에서 알코올 중독으로 사망했다. 장례식을 위해 이동 중이던 시신은 LA공항에서 도난되었는데 이는 그램 파슨스의 친구들이 그램 파슨스의 소원에 따라 조슈아 트리에서 그의 시신을 불태우기 위해서였다. 그램 파슨스는 지미 헨드릭스의 반대편에 서 있는 60년대의 천재였다.

탈주

새로운 10년

변해야 했다. 60년대의 빛나는 거인들은 대부분 사라져갔고 남은 이들은 변해야 했다. 그들의 공연은 매번 매진이었고 평론가들도 호평을 아끼지 않았지만 세상은 바뀌었고 그들의 나이도 이제 서른을 바라보게 되었다. 60년대 어디로 튈 지 알 수 없었던 가능성은 이젠 제한적인 공간에서 예측 가능한 방향으로만 이루어질 예정이었다.

1970년은 1969년에 흘린 피를 수습할 시간이었다. 1969년 매디슨 스퀘어 가든에서의 쇼를 음반으로 출시했고 헬스 에인젤스의 협박을 피해 빼돌린 알타몬트의 필름을 영화화했다. 또 믹이 출연한 영화인 「네드 켈리」[64] 「퍼포먼스」[65] 그리고 「원 플러스 원」[66]이 1970년에 차례로 개봉했다. 1970년 7월 데카와 앨런 클라인을 대신하여 음악적 유대가 가능한 애틀란틱 레코드와 계약을 맺고 마샬 체스를 대표로 하는 롤링 스톤즈 레코드를 출범했다. 아틀란틱의 보스, 아흐멧 에르테건의 권고로 믹은 심각한 약물 문제를 겪는 마리안느와 관계를 정리했고 여기서 'Wild Horses'의 가사가 나왔다. 1970년 유럽 투어 중 믹은 비앙카와 만나 결혼한다. 키스와 아니타는 끈끈한 관계를 유지했지만 약물에 의존한 관계였다. 약물의 그림자는 이제 키스에게 다가왔다.

그리고 바비 키스와 짐 프라이스란 최강의 혼 섹션이 영입되었다. 혼 섹션은 70년대를 여는 싱글 'Brown Sugar'에서 위력을 발휘한다. 믹이 「네드 켈리」 촬영 당시 기본적인 아이디어를 구상했고 두 개의 기타가 구축하는 기존의 스톤즈 사운드에 바비의 테너 색소폰이 화룡점정으로 가세했다. 하지만 이 곡에는 해석의 영역 밖에 있는 마법이 존재한다. 녹음 중 스튜는 찰리의 탐탐[67]이 튜닝되지 않은 것을 지적했지만 찰리는 큰소리치며 강행했다. 며칠 후 에릭 클랩튼, 알 쿠퍼와 함께 재녹음했지만 틀어진 드럼 튜닝의 마법을 넘진 못했다.

1971년 4월 스톤즈는 70년대의 첫 앨범이며 또 하나의 걸작 〈Sticky Fingers〉를 발표한다. 60년대 후반부터 계속된 작업 결과에 혼 섹션 등 70년대 스톤즈 사운드의 특징을 더했다. 〈Sticky Fingers〉는 앤디 워홀이 디자인한 청바지와 언더웨어로

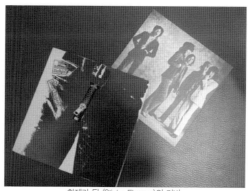

화제가 된 〈Sticky Fingers〉의 커버.

구성된 앨범 커버, 그리고 향후 스톤즈의 상징이 된 혓바닥 로고로도 화제가 되었다. 힌두교에서 창조와 죽음, 그리고 파괴의 주인공인 칼리와 성적인 이미지를 내포하지만 이에 관계없이 현재까지 매력적인 패션 아이템이 되고 있다. 당시 스톤즈는 미국과 영국 모두 1위에 올랐고 싱글 'Brown Sugar'는 미국에서 1위, 영국에서 2위에 올랐다. 스톤즈는 이제 미국에서 더 인기 있는 밴드가 되었다.

탈주

1970년 여름, 재정 담당 루퍼트 로웬스타인은 이전 매니저들의 꾸준한 세금 체납으로 재정 상태가 이미 복구 불가능함을 확인한다. 그래서 현실적이며 유일한 답을 제시하는데 그것은 앨런 클라인과의 모든 관계를 단절하고 영국을 즉각 떠나는 것이었다. 1971년 3월의 마지막 날 존 레논, 오노 요코, 그리고 에릭 클랩튼과 미친 듯이 잼을 한 뒤 스톤즈는 남은 가구와 집기들을 위대한 대영제국의 젖줄 템즈 강에 던져버렸다. 그리고 프랑스로 떠났다. 6월부터는 프랑스 남부 넬코테에 위치한 키스의 빌라에서 다음 앨범을 위한 작업을 진행한다. 그곳엔 그들이 하고 싶은 것을 할 수 있는 자유가 있었다. 물론 그 자유에는 약물이 포함되었고 키스는 약물 구입을 위해 매주 7천 달러를 지출했다. 스튜는 모바일 스튜디오를 운전해서 키스의 빌라 주변에 설치하고 열차에 공급되는 전력선을 몰래 연결했다. 스톤즈와 스톤즈의 여자 친구 또는 아내, 아이, 엔지니어 등 총 25명이 모바일 스튜디오를 중심으로 움직이기 시작했다. 헤로인의 수도인 마르세유와 근접했기 때문에 필요한 약물 조달에는 큰 문제가 없었다. 키스의 예측 불가능한 창의력은 음악보다 마약 조달에 더 많이 쓰이는 듯했다. 가장 황당한 사건은 키스와 아니타가 두 아이와 함께 차를 몰고 집에 도착한 후 아이의 상의를 벗겼을 때 아이의 몸에 하얀 마약 봉지들이 테이프로 붙여져 있던 사건이다. 키스와 아니타는 부모가 되기에는 너무 미성숙했다. 며칠 뒤 이탈리아 관광객이 키스가 아끼는 레드 재규어와 접촉 사고를 일으켰을 때 키스는 주먹질을 주고받은 후 자신의 아이, 말론의 장난감 총을 꺼내 들었다. 신고를 받은 경찰이 출동했고 이는 프랑스 경찰이 키스의 약물 혐의를 주목하는 계기가 된다.

하지만 계속되는 말썽에도 음악 작업은 계속된다. 7월부터는 거의 매일 밤 잼을 했다. 스톤즈의 컨디션은 좀처럼 올라오지 않았다. 부족한 자금 사정과 이전 매니저와의 소송, 후덥지근한 날씨와 늘어진 악기 튜닝. 하지만 결정적인 문제는 키스였다. 매번 늦게 등장해서 약물 복용을 위해 빈번히 사라지곤 했다. 믹은 수차례 화를 내며 비앙카가 있는 파리로 돌아갔고 이런 상황은 모두를 지치게 했다. 빌은 키스와의 관계가 틀어지면서 18곡 중 8곡에만 참여했고 믹 테일러 역시 스톤즈가 얼마나 대책 없는 밴드인지를 새삼 느꼈다. 정신을 차리고 보면 이건 도저히 하나의 밴드로 굴러간다고 보기 어려웠다. 하지만 스톤즈는 매번 그랬다. 지상 최악의 로큰롤 밴드로 출발하지만 어느 순간 지상 최고의 로큰롤 밴드가 되어 있었다. 사운드의 축인 키스를 중심으로 지미 밀러가 드럼 비트를 잡고 바비가 사운드에 대한 아이디어를 내고 믹 테일러가 베이스를 담당하면서 여러 가지 실험이 시도됐다. 밤새도록 잼을 한 후 이전처럼 이층 침실에서 키스가 리프를 치면 믹은 웅얼거리면서 곡을 형상화한다. 아침에 바비나 지미 그리고 믹 테일러가 그 자리에 있다면 그들은 곡을 보다 그럴듯하게 다듬어 간다.

아니타는 키스와의 아이, 말론을 돌볼 소녀를 구했는데 그녀에게 헤로인을 권했고 그 소녀에게 헤로인의 부작용이 나타났다. 소녀의 아버지가 경찰에 수사를 의뢰했고 이 때문에 이때까지 마약과 관련된 행적이 고스란히 드러났다. 불행 중 다행인 것은 이미 어느 정도 앨범이 준비되었다는 것이었고 결국 그들은 또 다른 탈주를 준비해야 했다. 경찰을 속이고 앨범의 마무리와 투어 준비를 위해 프랑스를 떠났다.

1972년 5월 많은 이들이 스톤즈 최고의 앨범으로 꼽는 〈Exile on Main Street〉이 발매되었다. 스톤즈의 최초이자 유일한 더블 앨범이고 각각의 A/B면은 서로 다른 개성을 지닌 독립적인 미니 앨범이기도 하다. 사실 처음 들으면 뭐가 좋은지를 느끼기 어렵다. 확실한 훅을 지닌 곡이 없이 18개의 곡이 비슷하게 들리며 전체적인 사운드는 습하고 나른해 미지근하다는 생각마저 든다. 하지만 이 비슷비슷한 느낌의 곡들은 시카고와 델타 블루스, 컨추리, 소울 그리고 가스펠 등 미국의 트래디셔널이 각각의 해석을 넘어 하나의 롤링 스톤즈 사운드로 귀결된 사운드를 들려준다. 비평가들 역시 이 앨범을 어떤 범주로 정의해야할지 당황했지만 시간이 지나면서 이 앨범의 진가를 깨닫게 되었다. 50년 스톤즈의 역사에서도 보기 힘들었던 그야말로 마법의 순간이다. 록앤롤의 록킹함과 롤링함을 동시에 갖추고 있으며 자유분방하고 여유롭게 레이드백되어 있지만 내면의 에너지로 단단히 다져진 로큰롤 역사상 또 하나의 정점이다.

1972년 6월 스톤즈는 3년 만에 북미 투어를 시작한다. 투어를 위해 구입한 혓바닥 로고가 그려진 전용기는 이번 투어의 상징이 된다. 키스의 친구 프레드 세슬러 역시 1969년 투어에 이어 다시 합류하는데 그가 지닌 약품에 대한 라이센스를 활용해 코카인을 공급했고 투어를 따라다니는 그루피들(성적인 이유로 록스타를 따라다니는 광팬들) 간의 암거래 시장이 형성되었다. 이 투어에는 STP라는 부제가 붙었다. '스톤즈 투어 파티(Stones

1972년 북미 투어의 콘서트 영화 「Ladies & Gentlemen」

Touring Party)'의 약어였지만 대신 '그만 비틀거리세요(Stop Tripping Please)'나 '마약에 빠져 보세요(Start Tripping Please)'로도 불렸다.

퀘벡 공항에서의 물의로 경찰에 체포된 키스 때문에 보스턴 공연은 시작도 하지 못했고, 오프닝이었던 스티비 원더가 두 시간을 더 연주하면서 시간을 벌었다. 스톤즈를 기다리는 관중들은 불을 지르며 폭동을 일으켰다. 보스턴 시장은 퀘벡에 직접 전화를 걸어 문제 해결을 요청했고 그렇게 느지막이 시작한 보스턴 공연은 이번 투어의 가장 드라마틱한 순간이 되었다.

투어가 끝난 후 아니타와 약물 치료를 위해 스위스에 있던 키스는 믹과 다음 작업 공간에 대해 의논했다. 자메이카의 레게 밴드 슬리커스(Slickers)를 듣고 있던 키스가 밥 말리의 레게 음악이 있는 자메이카에서 작업하자는 돌발적 제안을 했고 믹은 이에 동의했다. 자메이카에서의 문제는 치안 상황이었다. 한 번은 갱이 호텔 방문을 열고 들어와 빌의 여자 친구를 겁탈하기도 했다. 그때 빌은 침대 밑에 숨어있었다. 또 투어 기간 동안 자메이카 경찰은 마리화나 소지 혐의로 아니타를 체포했고 아니타는 남자와 같은 곳에 수감되어 문제가 발생했다.

1973년 8월에는 〈Goat's Head Soup〉이 발매되었다. 앨범과 더불어 발표된 싱글 'Angie'는 미국 차트 1위에 올랐다. 많은 이들은 데이빗 보위의 아내 안젤라에 관한 노래로 알고 있으나 키스의 딸인 단델리온 안젤라에 관한 노래라는 설도 있다. 하지만 이 앨범의 베스트는 마지막 곡인 척 베리 스타일의 'Star Star'이다. 원제는 'Star Fucker'였으나 아흐멧 에르테건의 요구에 따라 'Star Star'로 변경되었다.

스톤즈는 1973년 9월 유럽 투어를 시작한다. 마약에 찌든 투어였고 믹 테일러마저도 헤로인을 했으며 키스의 연주는 최악에 이르러 키스가 죽어가고 있다는 루머마저 돌았다. 문제의 심각성을 느낀 키스와 마샬 체스는 스위스에서 마약에서 벗어나기 위한 치료를 받았고 그 결과 투어 후반부는 상당히 안정적이었다. 특히 브뤼셀 공연의 부틀렉(해적음반. 하지만 이 음반은 공식 발매되었다)은 당시의 문제를 전혀 느낄 수 없을 정도로 훌륭하다. 그중에서도 믹 테일러는 다른 스톤즈를 잡아먹을 정도로 눈부신 솜씨를 발휘한다. 하지만 투어가 끝난 후 더 심각한 문제들이 기다리고 있었다.

로니 우드

　과도하게 자유분방한 스톤즈 패밀리의 전통은 시간이 지나자 대가를 치르기 시작했다. 롤링 스톤즈 레코드의 사장 마샬 체스의 헤로인 중독은 심각했고 키스에게 컨추리를 가르쳤던 음악적 파트너 그램 파슨스는 사망했다. 또 마약 문제로 제 기량을 발휘하지 못한 지미 밀러와 바비 키스, 엔지니어 앤디 존스는 차례대로 해고됐는데 이들은 두말 할 필요 없는 스톤즈의 특급 조연이었다.

　1973년 하반기에도 스톤즈는 다음 앨범의 작업을 위한 장소를 찾아야 했고 키스의 가족이 휴양 중이던 스위스와 가까운 뮌헨을 선택했다. 이곳 클럽의 공기로 믹은 강한 베이스 비트의 최신 흑인 팝에 더 가까운 음악을 원했다. 소울풀하고 펑키한 건반을 연주하는 빌리 프레스톤의 역할이 그 어느 때보다 중요해졌다. 앨범 작업은 무난하게 진행되었지만 앨범 크레딧과 스톤즈로서의 생활에 염증을 느낀 믹 테일러의 불만은 회복 불가능한 상태가 되어버렸다.

　1974년 10월에는 〈It's Only Rock 'n' Roll〉을 발매했다. 강한 훅의 동명 타이틀곡을 싱글로 발매했는데 이후 스톤즈에 가입할 론 우드의 아이디어가 많이 담긴 곡이다. 감성적인 발라드 'Time Waits for No One'은 스톤즈에서 마음이 떠난 믹 테일러의 상황이 투영된 이 앨범의 베스트다.

　믹 테일러가 믹에게 사퇴 의사를 밝혔을 때 스톤즈는 3일

〈Black and Blue〉 앨범 커버.

후 다음 앨범 〈Black and Blue〉의 녹음 일정이 잡혀 있었다. 위기였다. 하지만 그들은 유사한 위기를 정면 돌파한 바 있다. 믹 테일러가 탈퇴하자 다음 앨범을 위한 작업은 새로운 기타리스트에 대한 오디션으로 이어졌다. 웨인 퍼킨스와 하비 만델 그리고 제프 벡 등 세계 최고의 기타리스트들이 스톤즈가 작업하는 뮌헨의 스튜디오를 거쳐 갔다. 다들 훌륭했고 5개월간의 작업 기간은 흥미로웠다. 하지만 스톤즈는 이미 다른 기타리스트를 맘에 두고 있었다. 로니 우드(론 우드, Ron/Ronnie Wood)였다. 1975년 3월 로니가 뮌헨의 스튜디오로 초대되었다. 믹과 키스는 로니를 스톤즈로 만들기 위해 협박과 회유를 병행했다. 모두들 호탕한 웃음과 방탕하지만 질긴 생명력을 지닌 로니를 맘에 들어했다. 런던 클럽의 공기를 이해한다는 점도 만족스러웠다. 페이시스('스몰 페이시스'는 '페이시스'로 재편되었다)의 장래가 불투명한 로니는 선택의 여지가 없었다.

로니를 영입한 후, 'TOTA(Tour of the Americas)'로 부제가 붙여진 1975년 미국 투어가 있었다. 키스의 미국 비자 문제는 미 대사와 친분이 있는 믹이 해결했다. 건반의 빌리 프레스톤이 투어의 뮤지컬 디렉터로 큰 역할을 담당했다. 믹은 무선 마이크를 사용해 달리면서 노래하는 그만의 장기를 선보였고 캠피한 이미지를 강조했다. 로니는 믹과 키스와 모두 좋은 관계를 유지했으며 키스와의 호흡은 무대 밖에서도 지속되었다. 사이좋게 약물을 흡입했던 것이다.

7월 4일 다소 늦게 시작한 멤피스 공연은 첫 곡부터 심상치 않았다. 폭동의 기미를 느낀 경찰은 스톤즈가 'Star Fucker'를 연주할 경우 체포하겠다고 협박했다. 이에 굴하지 않고 스톤즈는 'Star Fucker'를 연주하며 뜨겁게 타올랐다. 공연이 끝난 후 미국 독립기념일을 기념하기 위해 지미 헨드릭스 식으로 미국 국가를 연주했고 흑인 퍼커션 세션 올리 브라운은 믹이 직

1976년 투어 당시의 모습.

접 선택한 여러 가지 혁명 선언문을 낭독했다. 이 선언문의 마지막은 마오의 '하나의 혁명으로 충분한가'였다. 70년대의 한가운데에서 스톤즈는 여전히 60년대적이었다. 1976년 〈Black and Blue〉 발표 직후 열린 대

형 유럽 투어는 최악이었다. 다음 해 불처럼 번질 펑크 키즈가 스톤즈를 '망해야 할 공룡 밴드'로 비난해도 이상할 게 하나 없을 만큼 최악의 투어였다.

공룡의 역습

키스의 마약 혐의로 미국으로의 재입국은 어려웠고 뉴욕과 가까운 캐나다 토론토를 선택했다. 그리고 1977년 2월 24일 아니타와 키스가 마지막으로 토론토에 도착했다. 키스는 공항에서 헤로인을 한술 뜬 후 숟가락을 아니타의 가방에 꽂아 넣었다. 경찰은 이를 발견했으나 그날은 그냥 통과시켰다. 3일 후 캐나다 경찰은 키스와 아니타의 숙소를 급습했다. 깊은 잠에 빠져든 키스의 손엔 아무도 부정하지 못할 마약 흡입의 증거가 있었다. 이튿날 1,000불의 보석금으로 풀려난 키스는 변호사를 통해 사태의 심각성을 확인했다. 캐나다 법에 의하면 키스는 감옥에서 7년은 감금되어야 할 상황이었다. 물론 스톤즈의 끝일 수도 있었다.

하지만 어떤 상황에서도 그들의 쇼는 계속된다. 3월 4일 엘 모캄보 클럽에서 깜짝 공연이 있었다. 이날의 열기는 15년 전 런던에서 거칠고 생기 넘치던 때의 열정을 상기시켰다. 공연장에서 온몸으로 놀고 있는 여인 중에는 28살의 매기 트루도도 있었다. 그녀는 당시 캐나다 수상인 피에르 트루도의 서른 살 연하 아내였다. 자유분방한 피가 흐르는 그녀의 별명은 '무모한

매리'였다. 공연이 끝난 후 매기는 몇 차례 스톤즈를 만났고 그때마다 신문 기사의 집중 포화가 이어졌다.

키스와 아니타의 헤로인 및 코카인 소지 혐의에 대한 수사와 재판이 진행 중인 상황에서도 키스와 아니타의 마약 생활은 멈추지 않았고 믹은 경찰이 또 다시 들이닥칠 수 있음을 누차 경고했다. 믹은 키스의 판결이 종료될 때까지 그를 포기하고 캐나다를 떠날 것을 결정했다. 키스를 제외한 모든 스톤즈는 뉴욕으로 향했다. 로니마저 떠나자 키스는 큰 배신감을 느꼈다. 하지만 키스를 돕는 스톤즈는 남아있었다. 무한 이기주의 속에서 늘 자신을 희생해온 스튜였다. 미국의 카터 정부는 키스의 마약 해독 작업을 위해 입국을 허락하도록 메디컬 비자를 발급했다. 최악의 상황에서 정부, 특히 미국 정부로부터 기대치 않은 도움을 받을 수 있었던 것은 놀라운 반전이었다. 키스와 아니타는 필라델피아의 클리닉에서 6주 동안 전기적 쇼크로 뇌를 자극하는 독특한 치료를 받았다. 이후 키스의 뇌에는 약물을 멀리해야 한다는 개념이 탑재되었다. 1977년은 키스 인생에서 바닥이었다.

이제 롤링 스톤즈의 이미지는 '바보 형' 내지는 '공룡'이 되어 있었다. 미국은 흑인의 상업적 댄스음악이, 영국은 공격적인 펑크가 대세였고 스톤즈는 구세대의 유물이었다. 펑크는 기존의 대형 록밴드를 사정없이 공격했고 그 중심에는 레드 제플린, 핑크 플로이드 그리고 롤링 스톤즈가 있었다. 이때 믹은 새 앨범의 작업 장소로 파리를 택했다. 여전히 각각의 스톤즈는 제멋

대로였다. 키스의 약물 생활은 완전히 끝난 것이 아니었고 그때마다 믹은 신경질적이었다. 로니는 가입한 지 얼마 안 되었고 찰리는 이런 생활에 염증을 느꼈으며 빌은 원래 얘기를 안했다. 멤버들을 파리로 모으기 위해 스튜만이 간절히 움직였다. 일사분란하지는 않았지만 결국 모든 멤버가 모이게 되었다. 그들은 파쎄-마르코니 스튜디오의 구조를 개조했다. 그리고 1977년 10월 10일 세션이 시작되어 1978년 초까지 계속되었다. 그 사이 키스는 재판에 출두했고 마약을 끊기 위한 노력을 설명하면서 재판장의 분위기를 바꾸려 했다. 로니의 강력한 추천으로 페이시스의 이언 맥러건이 빌리 프레스톤을 대신해 건반을 맡았다. 녹음실은 간만에 활기 넘쳤고 집요하고 생산적인 곡 작업이 진행되었다. 1978년 3월까지 다음 앨범 〈Some Girls〉와 'Start Me Up' 등 이후 앨범에 수록될 40개의 곡을 진행했다.

그리고 1978년 5월 〈Some Girls〉이 발표됐다. 제리 홀에 대한 러브 송이며 믹의 팔세토 보컬이 빛나는 4/4박자 댄스곡 'Miss You'는 1978년 여름을 뜨겁게 달구며 미국 차트 1위에 올랐다. 디스코라는 트렌드를 블루스와 로큰롤에 녹아내면서 스톤즈만의 독특한 그루브를 만들었다. 하지만 전체적인 앨범은 역시 펑크 세대에 대한 직접적인 응답이다. 마틴 스콜세지[68]가 언급한대로 70년대 후반 이후 롤링 스톤즈는 뉴욕 밴드로 뉴욕의 펑크와 게이 문화를 효과적으로 녹여냈다. 'Some Girls'의 가사와 유명 배우의 란제리 광고 속에 스톤즈의 얼굴을 삽입한 앨범 커버는 물의를 빚었다.

하지만 앨범은 꾸준한 판매로 800만 장 이상이 팔렸고 가장 많이 팔린 스톤즈 앨범으로 기록되었다. 이 앨범이 지닌 최고의 미덕은 가장 큰 위기 상황을 극복하고 얻어진 최고의 결과물로 다시 롤링(rolling)할 동력을 얻었다는 점이다. 음악적으로는 디스코, 댄스 등 미국의 팝 음악과 영국의 펑크를 어떤 편견도 없이 적극적으로 수용하면서 스톤즈식으로 대응했다.

〈Some Girls〉 발매 직후 70년대 세 번째 미국 투어를 시작했다. 키스가 약물로부터 멀어지면서 제 기량을 찾기 시작했고 〈Some Girls〉의 성공만큼 스톤즈 최고의 투어로 꼽힌다. 흑인 음악적 요소가 강했던 1975년의 북미 투어와 달리 1978년의 'Some Girls' 투어는 다른 양념 없이 직선적으로 달려가는 기타 록사운드의 에너지를 선보였다. 로니는 스톤즈가 지향하는 음악에 믹 테일러보다 적합함을 증명했고 광폭하지만 간결하게 핵심을 파고드는 기타 사운드를 구성한다. 스톤즈의 투어는 펑크하는 아이들에게 "덤벼 봐!"라고 맞서는 현장이었다. 'Miss You'의 성공으로 다소 과하게 규정지어졌던 디스코의 영향 대신 공연 실황은 로큰롤적인 사운드 메이킹을 고수하면서 펑크 이상으로 직접적인 에너지를 전달한다. 한 곡 한 곡 세상의 끝을 보듯 달리지만 지치지 않고 앵콜까지 간다. 펑크 키즈들의 말처럼 롤링 스톤즈는 몬스터였고 공룡이었다. 하지만 랩터처럼 빠르고 날카로우며 티라노사우루스처럼 파워풀하고 강력했다. 그리고 우주가 멸망할 때까지 쓰러지지 않을 만큼 집요한 정력의 괴물이었다.

1978년 10월 23일, 1977년 키스의 토론토 사건에 대한 재판이 있었다. 헤로인 소지 혐의 외에 다른 혐의는 기각되었고 집행 유예가 선고되었다. 캐나다 재판부는 대신 꾸준한 마약 치료를 받을 것과 6개월 안에 시각장애인을 위한 무료 콘서트를 열 것을 명령했다. 적어도 감옥에는 가지 않아도 되는 상황이었다. 캐나다 법원이 요구한 무료 콘서트를 위해 키스는 로니와 함께 '뉴 바바리언스'라는 밴드를 결성했다.

투어를 마치고 키스가 파리에서 스튜디오 작업 중이던 1979년 6월, 키스 소유의 총에서 발사된 총알에 의해 아니타의 남자 친구인 19살 소년 스콧 캔트럴이 사망하는 사건이 발생한다. 아니타는 체포되었고 아니타와 스콧 캔트럴 간에 벌인 러시안 룰렛[69] 게임에 의해 사망했다는 의혹이 일었다. 그리고 총기 소지 문제로 키스의 미국 비자 연장이 어려워졌다. 변호사는 아니타와의 관계를 정리하라고 요구했고 10년을 넘긴 아니타나와의 연인 관계는 그렇게 종료됐다.

스톤즈의 1970년대는 정점에 오른 뮤지션이 어떻게 새로운 재료와 새로운 관객을 대상으로 또다시 정점에 오를 수 있느냐에 대한 사례가 될 수 있다. 멤버 간의 갈등이 있었고 약물 이력 때문에 불가피하게 각 대륙을 떠돌며 매번 작업 공간을 바꾸었다. 이러한 과정은 1960년대 로큰롤 밴드가 살아남기 위한 탈주의 과정이었다. 상업화되는 음악적 방향으로 펑크 세대의 비난을 받았고 키스의 약물 문제로 그룹의 미래는 어두웠

1970년대의 롤링 스톤즈.

지만 더 물러날 곳이 없는 위기의 상황에서 그들은 다시 한 번 최고의 결과물을 만들었다. 스톤즈의 1970년대 투어는 1960년대의 공연과 차별화되어 보다 대형화된, 하지만 예측 불가능한 에너지가 살아있는 음반 이상의 의미였다.

6장의 앨범과 3번의 대형 미국 투어. 60년대 밴드 스톤즈는 70년대에 살아남기 위해 수많은 변화를 시도한 것처럼 보였지만 70년대가 끝나는 시점에서 보자면 그 어떤 뮤지션보다 가장 60년대적이었다. 대형화되고 정형화되는 뮤직 비즈니스 속에서도 이처럼 원하는 대로 음악을 해 온 뮤지션이 존재한다는 것은 얼마나 축복인가!

롤링 스톤즈를 담은 사진가

극한의 희열을 제공하는 로큰롤 밴드, 롤링 스톤즈는 사진
가들에게 좋은 소재였다. 그리고 그들이 담아낸 그 순간은 그
자체로 최상의 로큰롤이다. 에단 러셀은 1969년과 1972년 미
국 투어의 가장 결정적인 순간을 담았고 그의 사진집 속에는
역동적으로 연주하는 밴드의 모습과 더불어 알타몬트에서 흑
인 소년이 살해되는 충격적인 장면도 있다.

『미국인들』이라는 사진집으로 20세기 사진을 대표하는 거
장 로버트 프랭크는 〈Exile on Main Street〉의 인상적인 앨범
커버를 제작했고, 이어지는 미국 투어를 영화 「Cocksucker
Blues」로 제작했다. 하지만 충격적인 이 영화로 인해 향후 미
국 투어가 불가능할 것이라 판단한 믹은 이 영화의 상영을
사실상 금지했다.

롤링 스톤지의 사진가로 경력을 쌓아 온 애니 레보비츠가
수잔 손탁과의 인연으로 롤링 스톤즈의 투어에 동행할 기회
를 잡았을 때, 롤링 스톤 매거진의 설립자인 얀 웨너는 롤링
스톤즈와의 동행을 권하지 않았다. 너무 위험했기 때문이다.
하지만 애니는 호랑이를 잡기 위해 호랑이 굴에 들어가는 쪽
을 선택했다. 그녀 역시 마약중독자가 되었고 키스 리차드가
전용기에서 내리는 사진, 드럭 프리 어메리카 포스터 앞의 키
스, 미친 열기로 가득 찬 관객석과 바리케이드를 잡고 기다리
는 팬들, 그리고 광기와 형언할 수 없는 에너지로 무대를 장
악하는 장면 등 그녀의 사진 하나하나는 또 하나의 위대한
로큰롤이 되었다.

솔로 스톤즈

스톤즈는 1980년대의 첫 앨범 〈Emotional Rescue〉을 발표한다. 바하마와 뉴욕에서 녹음된 이 앨범은 장르적 퓨전을 대담하게 구현했고 차트 1위에 올랐으며 키스의 아니타에 대한 회고이자 작별인사인 'All About You'로 마무리된다. 하지만 평단의 반응은 시큰둥했고 보다 뼈아픈 것은 존 레논의 평가였다. 존 레논은 냉소적이지만 진심은 의심할 수 없었기 때문에 스톤즈와는 둘도 없는 친구였다. 하지만 불행히도 존 레논은 그해 12월 40살의 나이로 세상을 떠났다. 이 사건은 10년 전처럼, 하지만 더욱 절실하게 20년을 함께 해 온 스톤즈에게 계속 가야 할 이유를 묻는 계기가 되었다.

1981년 8월 스톤즈는 새 앨범 〈Tattoo You〉와 투어 일정을 발표한다. 〈Tattoo You〉의 첫 트랙 'Start Me Up'은 70년대를 걸쳐 준비한 60년대 로큰롤 밴드의 80년대에 대한 응답이다. 이 곡은 미국 차트 2위, 영국 차트 7위에 오르지만 앞으로 많은 스톤즈 공연의 시작과 절정부에 흥분을 불어 넣는 역할로 가장 사랑받는 곡 중 하나가 된다. 이 앨범은 400만장 이상이 팔리는 성공을 거두었고 그들이 쥐고 있는 음악적 재료를 팝의 시대에 어떻게 요리하느냐에 대한 효과적인 예가 된다. 〈Some Girls〉 이후 세 장의 앨범은 막대한 음반 판매량을 보여 스톤즈는 최고의 상업적 전성기를 구가했다.

믹은 새 시대에 걸맞은 프로페셔널한 쇼로 투어를 꾸미기 원했고 키스는 이전처럼 자유분방한 놀이가 되기를 원했다. 투어에 대한 의견 차이로 작은 부분 하나하나마다 충돌이 잦아졌다. 믹은 투어 중 약물 금지라는 원칙에 모두가 서명을 하도록 했다. 이번엔 약물 중독이 심각해진 로니가 타겟이 되었다. 마약 수사로 스톤즈의 운명이 한방에 날아가 버릴 수도 있는 사실을 너무나 잘 아는 믹은 그래서 로니에 대해 신경질적이었다.

LA공연의 오프닝은 섹시한 팔세토[70)]를 부르는 프린스에게 맡겼다. 블랙 니트와 비키니로 호모섹슈얼하게 치장한 프린스에게 관객들은 야유와 쓰레기로 대응했다. 그는 둘째 날 오프닝을 포기하고 떠나버렸다. 하지만 80년대는 마이클 잭슨과 프린스가 양과 음을 담당하게 될 예정이었다. 20년 전 비틀즈와 스톤즈가 양과 음을 상징했던 것처럼 말이다.

유럽 투어 직후 스톤즈는 아틀란틱을 대신해서 믹의 팝스타로서의 가능성에 주목한 CBS의 월터 예트니코프와 계약했고, 이 계약에는 믹의 솔로 음반이 포함되어 있었다. 나이 40이 된 그들의 사생활에도 다소간의 변화가 있었다. 믹은 제리 홀, 키스는 패티 핸슨과 결혼을 생각하고 있었다. 빌 와이먼은 1967년부터 16년간 사귀어 온 아스트리드 린드스톰과 헤어지고 나이 13살의 맨디 스미스와 사귀며 타블로이드의 지면을 화려하게 장식한다.

1983년은 MTV 개국과 더불어 마돈나, 듀란 듀란 그리고 마이클 잭슨이 이끄는 본격적인 팝의 시대로 접어들었다. 스톤즈도 뮤직비디오를 제작했고 80년대에 맞춰 샤프하게 찢어지는 금속성의 기타 사운드, 그리고 컬러풀하고 감각적인 댄스곡으로 무장했다. 〈Undercover〉의 타이틀곡 'Undercover of the Night'은 날카로운 헤비메탈의 기타 사운드와 팝 센스가 살아 있지만 내용은 엘살바도르에서의 전쟁에 관한 것으로 다분히 정치적 메시지를 띤 곡이다.

한편 믹은 스톤즈로서의 활동 대신 자신의 솔로 앨범에 집중했다. 믹의 솔로 앨범은 월터 예트니코프와 계약에 있던 내용이었다. 키스는 믹이 투어까지 진행한다면 스톤즈의 해체를 의미하는 게 되지 않을까 노심초사했고 1984년 6월 한자리에 모인 미팅에서 스톤즈의 다음 앨범 작업을 1985년 파리에서 진행할 것과 앨범 발매 직후 투어를 진행할 것을 주장했다. 한편 마약 치료 클리닉에서 복귀한 로니와 키스는 믹 없이 다음 앨범을 준비한다. 하지만 그해 9월 믹은 자신의 솔로 앨범 발매가 지연됨에 따라 스톤즈 다음 앨범의 출시도 연기할 것을 통보했고 이에 키스는 격분했다.

1985년 초 믹은 스톤즈의 다음 앨범을 위해 어떠한 아이디어도 준비해놓고 있지 않았다. 믹의 아이디어는 첫 솔로 앨범에만 쓰였고 제프 백[71], 얀 해머[72], 허비 행콕[73] 등 30명 이상의 연주자가 믹의 솔로 앨범에 투입되었다. 키스는 진심으로 믹의 솔로 앨범이 실패하기를 원했다. 상대의 실패를 간절히 바라는 이 위대한 우정을 보라! 1985년 3월 믹의 첫 솔로 앨범은 2백만 장이라는 괜찮은 판매량을 기록했지만 믹의 성에는 차지 않았다. 80년대를 수놓은 팝스타의 행보에 묻혀버렸기 때문이다. 1985년 4월 스톤즈의 앨범 작업이 재개될 때도 상황은 여의치 못했다.

정작 스톤즈의 균열을 가장 고통스럽게 지켜봤던 이는 바로 스튜였다. 키스의 의지에 의해 1985년 말 〈Dirty Work〉을 완성할 때 스튜는 다리 부상으로 앨범에 참여할 수 없었던 찰리와 함께 로니 스콧 클럽에서 재즈 공연을 가졌다. 늘 자신보다 스톤즈를 먼저 생각했던 스튜는 1985년 12월 12일 심장 문제를 진단받기 위해 서런던 클리닉에서 의사를 기다리는 중 급작스럽게 사망했다. 이 사건은 모두에게 충격이었고 비할 바 없는 슬픔이었다. 다음 해인 1986년 2월 스톤즈와 친구들은 소호의 100클럽에서 스튜를 추모하기 위한 공연을 가졌고 이는 4년 만에 스톤즈가 가진 공연이었다. 스톤즈의 히트곡 대신 스튜가 좋아했던 블루스와 로큰롤의 순수했던 시절의 곡을 연주했고 믹과 키스를 포함한 모두는 어깨동무한 채로 클럽을 나섰다. 스튜는 죽은 후에도 스톤즈를 하나로 묶어놓았다.

1986년 3월 발표한 〈Dirty Work〉은 키스와 로니의 작업을 바탕으로 하고 재거의 보컬이 나중에 더해지는 형태로 작업되었다. 물론 최고의 시너지를 낼 수 없는 환경이었다. 〈Dirty Work〉은 사실상 키스의 덜 준비된 솔로 앨범에 가까웠고 프로모션 투어는 생략되었다. 1987년 믹은 두 번째 솔로 앨범 〈Primitive Cool〉을 유리스믹스[74]의 데이브 스튜어트와 함께 준비한다. 키스는 자신의 솔로 프로젝트를 위해 버진 레코드와 계약을 맺는다. 믹의 두 번째 솔로 앨범은 제프 벡과 사이먼 필립스[75]라는 강력한 날개와 함께한 컨템포러리 앨범이었고 평단으로부터도 호평을 받았다. 하지만 흥행에는 참패했다. 이 음반의 참패로 믹은 대대적인 미국 투어를 취소하고 스톤즈의 팬들이 믹의 솔로를 원하지 않음을 인정하게 된다. 믹의 탁월한 리더십은 냉정한 현실 판단 능력을 기반으로 한다.

그럼에도 믹은 솔로 활동을 통해 스톤즈로서는 이때까지 불가능했던 일을 하나 성사시키는데 지금껏 다른 멤버들의 약물 문제로 이루어지지 못했던 일본 투어였다. 이날 게스트로 출연한 로니는 그만의 호탕한 웃음을 통해 키스가 여전히 스톤즈의 재결합을 간절히 원하고 있음을 전달하고 믹 역시 이를 긍정적으로 받아들인다. 1988년 5월 스톤즈는 한자리에 모였고 믹이 스톤즈의 가을 투어를 얘기하자 키스는 자신의 솔로 앨범으로 난색을 표했지만 대신 이듬해 1989년 새 앨범과 투어를 함께 시작하자고 제안한다. 모두가 거부할 수 없는 제안이었다. 그리고 키스는 한마디 덧붙인다. "이번 건 우리 둘보다 거대할 거야."

이제 그들은 스톤즈로 다시 롤링(rolling)할 예정이었다. 그들의 80년대는 각자의 길을 걸어 간 시간이었다. 5장의 앨범을 냈지만 이 중 세 장은 이미 70년대에 만들어진 곡의 콜렉션에 불과했고, 무려 7년 동안 스톤즈의 이름으로 투어를 하지 못했다. 스톤즈에 있어서 투어는 로큰롤 밴드로서의 존재 이유였다. 그리고 솔로 활동의 시간 동안 스톤즈는 그들이 가야 할 바를 명확히 알게 되었다. 바로 멈추지 않고 굴러야 한다는 것이었다. '롤링 스톤즈'의 이름으로.

세바스찬 크루거

세바스찬 크루거(Sebastian Kruger)는 몇몇 잡지와 LP커버를 위한 일러스트레이터로 명성을 얻었지만 상업적인 작업 대신 자신만의 독특한 작품 세계에 몰두했다. 그리고 스타 풍자만화를 통해 그만의 새로운 팝 리얼리즘의 세계를 구축했다. 그의 작품 세계는 집요한 그의 노력과 더불어 팝스타, 특히 롤링 스톤즈와의 깊은 우정을 통해 그들의 깊은 내면을 탐구한 결과이다.

록 스타의 개성을 과장된 사실성으로 표현한 그의 작품 세계에는 진실과 속임수, 픽션과 논픽션, 사진과 그림, 그리고 미디어를 통한 상호작용이 담겨져 있다. 무엇보다도 그의 작품을 보면 롤링 스톤즈를 찍은 그 어떤 사진보다 롤링 스톤즈의 로큰롤 라이프가 느껴진다. 그것이 실제일지 미디어를 통한 속임수인지 몰라도 그런 묘한 뉘앙스마저도 롤링 스톤즈, 로큰롤과 인생의 본질에 접근하고 있다.

악행은 늙지 않는다

1989년 1월 더 후의 피트 타운센드는 로큰롤 명예의 전당에 롤링 스톤즈를 호명했다. 피트 타운센드는 "당신들이 뭘 하든 우아하게 늙을 생각은 하지 마라. 당신들하고 안 맞아!"라는 인사를 건넸고 믹은 '25년간의 악행'으로 그들의 과거를 정리했으며 키스는 스튜에게 다시 한 번 고마움을 표했다. 적어도 이들은 25년의 악행을 그만둘 생각은 없어 보였다.

1989년 8월말 믹과 키스의 공동 작업으로 완성된 〈Still Wheels〉를 발매했다. 첫 싱글 'Mixed Emotions'과 금속성 록 사운드로 베를린 장벽이 무너진 당시의 분위기를 담고 있는 'Rock and a Hard Place'이 수록된다. 이어 곧바로 투어를 시작하는데 빌 그래엄을 대신해 마이클 콜이 모든 재정적 위험을 감수하는 조건으로 그해 하반기부터 열릴 투어의 공연, 스폰서, 상품, 방송, 필름에 대한 권한을 차지한다. 7년 만에 재개한 투어였기에 팬들의 갈증은 이루 말할 나위가 없었고 입구에서 표를 구하지 못한 관객들은 폭동을 일으켜 28명이 체포되었다. 첫 공연에서 'Shattered'를 연주 중 정전이 일어났고 3분의 칠흑같은 시간을 지나 폭발적인 반응과 함께 공연은 재개되었다.

이번 투어부터 모두 정시에 도착해야 했고 심각한 마약은 금지되었으며 사운드 체크 역시 꼼꼼하게 진행되었다. 마크 피셔에 의해 디자인된 대형 스테이지는 '산업화와 사이버'라는 1989년의 정서를 담아냈다. 또 총 350명의 스탭이 동원되었고 400만 불이 무대 설치에 투자됐다. 공연의 모든 부분은 이후 초대형 월드 투어의 귀감이 되었다. 프로페셔널하게 변모했지만 물론 '로큰롤은 놀이'라는 원칙은 변하지 않았다.

그리고 해를 넘긴 1990년 2월, 스톤즈는 일본과 유럽 투어를 시작했다. 그제야 록 마니아의 나라 일본에서 공연을 하게 된 것이다. 롤링 스톤즈는 일본에서 이전에는 체험하지 못한 특이한 경험을 하게 되는데 연주 중에는 쥐 죽은 듯 조용하다가 곡의 마지막 음이 끝나면 천둥과 같은 박수를 치는 일본 관객들의 개성을 확인하게 된다. 여름에 진행되어 많은 공연이 빗속에서 치러졌지만 가는 곳마다 대환영을 받았다. 1989년 11월 자유화된 체코슬라바키아의 프라하 공연에서는 로큰롤 팬인 하벨 대통령으로부터 해방군과 같은 대접을 받았다. 프라하를 내려다보는 언덕에 초대형 혓바닥 로고가 설치되고 당시 공연 포스터에는 '탱크는 굴러나가고 스톤즈가 굴러들어 왔다'라는 문구가 들어갔다. 하벨과 더불어 10만 7천 명의 인파가 폭우 속에 모였다. 스톤즈의 티켓은 그 자체로 여권이 되어 헝가리와 폴란드인도 즐길 수 있었다. 공연 수익은 하벨의 아내가 운영하는 자선단체에 기부하고 대통령 전용기를 타고 런던으로 향했다. 그리고 8월 24일과 25일, 웸블리에서 세계 최고의 로큰롤 밴드에 걸맞은 투어의 피날레를 장식했다. 당시 투어는 총 2억불이라는 상상 이상의 수익을 올리며 새로운 뮤직 비즈니스를 개척했다. 거대한 투어의 성공에도 그들의 악동 기질은 여전했다. 스톤즈는 1991년 3월 싱글 'High Wire'로 많은 이들이 침묵했던 걸프전을 직설적으로 비난한다.

1991년 11월 롤링 스톤즈는 버진 레코드와 450만 불에 계약했다. 오래 전부터 스톤즈에 흥미를 잃었던 55살의 빌 와이먼은 비행과 대형 투어에 대한 공포로 버진과 계약을 거절했다. 1993년에 진행한 앨범 작업은 모던함을 벗겨 낸 사운드를 시도했다. 찰리는 믹과 키스보다 10일 정도 늦게 도착했는데 그들 사이에 아무런 문제가 없는 것을 확인하고 크게 안도했다. 이후 뉴욕에서 빌을 대신할 베이스 주자에 대한 오디션을 시작했다. 20명의 좋은 연주자들이 오디션을 봤고 1980년대 마일즈 데이비스의 일렉트릭 밴드에서 베이스를 맡았던 데릴 존스가 선택됐다. 재즈광 찰리로부터 높은 점수를 얻었기 때문이다. 다음 앨범의 윤곽이 드러난 1993년 11월, 믹은 빌이 스톤즈를 탈퇴함과 동시에 스톤즈가 이제 4명의 공식 멤버로 구성됨을 발표한다. 이전까지 월급쟁이였던 론 우드는 이제 스톤즈의 수익을 배분받을 주니어 멤버가 된다. 얼터너티브[76]의 거친 사운드가 유행하던 1994년 7월 발매된 〈Voodoo Lounge〉는 투어의 대대적인 성공과 더불어 500만 장 이상의 판매로 호의적인 반응을 끌어냈다. 8월에 시작한 투어 또한 사상 초유의 성공을 거두었지만 공연 중 상당 부분 할애된 〈Voodoo Lounge〉의 곡을 연주할 때 관객들이 일어서서 반응하지 않는 것이 아쉬웠다. 믹은 MTV 언플러그드 포맷이 공감을 얻고 있음을 확인했고 작은 공연장의 자연스럽고 활기찬 분위기를 느끼고 싶었다. 그래서 암스테르담 파라디소에서 단 700명의 관객을 앞에 두고 어쿠스틱과 일렉트릭이 섞인, 하지만 왜곡되지 않은 사운드의 공연을 선보였다. 〈Exile〉 이전의 초창기 스톤즈의 곡으로 좋은 반응을 얻었지만 가장 폭발적인 환호는 밥 딜런이 그들을 위해서 쓴 'Like a Rolling Stone'이었다. 믹과 키스는 이에 대해 '꼭 기억해야 할 우리 밴드의 부분'이라며 대만족을 표시했다. 이 실황은 〈Stripped〉에 수록되었으며 스톤즈 최고의 라이브 앨범으로 손꼽힌다. 1995년 8월 투어가 끝나고 보니 총 126번의 공연에 8백만 명이 관람했고 3억 2천만 달러 이상의 수익이 있었다. 역사상 최대였다.

1997년 진행한 앨범 작업에 믹은 LA의 젊은 뮤지션과 프로듀서를 참여시켰다. U2와 가비지[77]의 프로듀싱을 맡았던 데니 세이버, 벡[78]과 비스티 보이즈[79]의 프로듀싱을 맡은 빅비트 계열의 더스트 브라더스, 그리고 당시 달콤한 팝으로 상종가를 치던 베이비페이스도 있었다. 이들이 스튜디오에 있는 모습을 발견한 키스는 격분했다. "도대체 롤은 어디 있는 거야? 난 롤을 원한다구!" 팝적인 트렌드에 민감한 믹과 로큰롤의 전통과 핵심에 집중하는 키스의 취향은 상당히 달랐고 이러한 차이는 그들이 늘 다투는 이유가 되었지만 또한 시너지를 내기도 했다. 결국 믹은 지나치게 상업적인 베이비페이스를 해고하고 직접 작업을 완료했다. 적절한 시점에서 밸런스를 찾은 것이다. 스톤즈의 작업을 진행하는 틈틈이 로니는 아일랜드에서 후기 밥 딜런의 최고작 〈Time Out of Mind〉의 작업을 도왔다. 새 앨범 발매 직전 첫 싱글이 될 'Anybody Seen My Baby'를 듣게 된 키스의 딸 안젤라가 다른 가사로 노래를 부르기 시작했다. 사실 이 곡은 믹이 무의식중에 K.D. 랭[80]의 'Constant Craving'과 유사하게 쓴 곡이었다. 키스는 신속히 음반사에 해결을 요청했으나 이미 음반은 제작 완료된 상황이었다. 다행히 K.D.랭은 크레딧을 같이 넣는 것에 동의하며 문제는 일단락되었고 9월 말 새 앨범 〈Bridges to Babylon〉을 발매했다. 앨범에서 가장 두드러지는 곡은 믹이 더스트 브라더즈와 작업한 'Might As Well Get Juiced'이다. 왜곡된 보컬과 먼지가 낀 더스트 브라더즈의 테크노 사운드, 하프가 전형적인 스톤즈의 작업으로부터 가장 거리감이 있는 곡이다. 무려 8명의 베이스 주자가 이 앨범에 참여하였고 믹의 곡, 키스의 곡, 믹과 키스의 협업이 각각 1/3씩 할당되어 있었다. 상대적으로 찰리의 영향이 눈에 띄는 곡도 있다. 믹과 키스의 완전한 결합은 아니지만 그래도 적당한 절충점을 찾은 것이다.

이어지는 투어는 인터넷 투표에 의해 결정된 곡을 사용했고 작은 스테이지를 스타디움 중앙으로 이동시켜 공연했다. 이는 믹이 샌디에고에서 본 U2 팝 마트 투어의 어쿠스틱 셋에서 영감을 얻은 것이었다. 중간에 키스의 갈비뼈 부상으로 몇몇 공연이 연기되었는데 사다리에서 떨어진 것으로 떨어진 것으로 추측되었다. 1998년 8월에는 숙원이었던 러시아 공연을 성사시켰다. 모스크바 루즈니키 스타디움의 공연에서 믹은 다음과 같은 말로 감회를 표현했다. "많이 늦었지만 안 오는 것보다는 낫죠."

1999년에는 라이브 앨범 〈No Security〉, 2002년과 2003년에는 베스트 앨범인 〈Forty Licks〉의 홍보를 명분으로 투어를 진행한다. 헤로인, 코카인, 알코올의 중독이 잠잠해질 때쯤 되니 투어에 대한 중독이 시작된 듯했다. 계속되는 투어 동안 키스와 로니 커플은 수시로 주먹을 주고받으며 여전히 철이 덜든 모습을 보였다. 워낙 철딱서니 없어 보이는 그들이었기에 2003년 12월 믹 재거가 찰스 왕세자로부터 기사 작위를 받을 때 많은 팬들이 실망했다. 키스 리차드 역시 "보잘 것 없는 명예 따위…… 차라리 귀족처럼 차려입고 무대에 서시지! 이건 스톤즈가 아냐!"라고 비난을 퍼부었다. 찰리의 반응은 쿨했다. "18명의 아내와 20명의 아이가 있는 기사라니! 죽여주는데!"

2004년 새로운 정규 앨범의 작업을 시작할 때 찰리의 목에서 종양이 발견되었지만 다행히 완치되었다. 그리고 2005년 〈A

〈A Bigger Bang〉 투어 중 키스.

Bigger Bang〉과 투어를 통해 스톤즈는 다시 롤링할 수 있었고 스트레이트한 록 사운드로 단단해져서 돌아왔다. 무려 8년 만의 앨범이었다. 조지 부시 미 대통령과 미국 정치인을 노골적으로 비난하는 'Sweet Neo Con'이라는 곡도 있었다. 롤링 스톤은 이 앨범을 2005년의 베스트 앨범 목록에서 카니예 웨스트에 이어 두 번째로 올려놓으며 애정을 표현했다. 결과적으로 2000년대 첫 10년간 내놓은 유일한 한 장의 앨범이 되었지만 로큰롤이 죽은 시대에 나온 꽤 괜찮은 로큰롤 앨범이었다. 세기말에 불어 닥친 냅스터[81]의 폭풍은 음반 시장을 순식간에 무너뜨렸고 그보다 더 궁극적으로는 인터넷 문화가 전통적인 음악 감상의 방식을 바꾸기 시작했다. 이 앨범이 2000년대 스톤즈의 유일한 앨범이라는 사실만이 아쉬울 뿐이다.

〈A Bigger Bang〉은 전 세계적으로 2006년 3월까지 240만 장이 팔려나가며 스톤즈의 건재를 과시했다. 이후 음반시장의 붕괴를 생각한다면 적절한 시점에 나온 앨범이었다. 음반이 선방이었다면 공연에서의 성과는 경이적이었다. 〈A Bigger Bang〉 투어는 총 5억 5천 8백만 달러를 벌어들이며 비슷한 시기에 같이 시작하여 스톤즈의 기록을 갈아치웠던 U2의 버티고 투어

기록을 경신했다. 이후 U2의 360 투어에 추월당하긴 했지만 이 경이적인 스코어는 음반 대신 공연이 음악 시장을 주도한다는 의미를 지닌다. 21세기의 대중은 인터넷을 통해 개인적으로 짧은 곡을 듣거나 아니면 수많은 사람과 경험을 공유한다. 이 변화의 한 축에 스톤즈가 있었다.

그런 측면에서 백만 이상의 인파가 모인 2006년 2월 18일 리오데자네이루의 무료 공연은 그 자체로 역사적 의미를 지닌다. 또 4월 8일에는 중국에서도 공연했다. 그들의 목표는 세계 모든 곳에서 공연하는 것이고 폴란드, 일본, 러시아, 중국도 그들의 음악 속에서 열광했다. 여전히 한국에서의 공연은 성사되지 않았지만.

〈A Bigger Bang〉 투어 중 '키스 리차드, 나무에서 떨어지다.'라는 또 하나의 황당한 소식이 외신을 장식했다. 피지의 한 섬에서 휴식 중이던 키스는 나무에서 추락 후 별 문제가 없어 보였지만 이틀 뒤 보트를 타고 나갔을 때 두통이 찾아왔다. 생각하고 사는 성격이 아닌 키스는 평생 어떤 두통도 앓아본 적이 없었다. 키스가 복용한 아스피린은 뇌출혈을 굳게 하는 효과가 있었기에 위험천만한 상황이었다. 다행히 이 섬의 주인이 누군가 똑같은 사고를 당한 사실을 알고 있었고 키스는 뉴질랜드의 병원으로 긴급 이송되어 효과적인 뇌수술로 회복되었다. 세계 각지에서는 안부를 묻는 편지와 팩스가 쇄도했는데 그중에는 전 미국 대통령 빌 클린턴과 영국 수상 토니 블레어의 메시지도 있었다. 토니 블레어가 보낸 '당신은 나의 영웅'이란 메시지에 키스의 반응은 냉소적이었다고 전해진다. 의사는 키스에게 6개월간 아무것도 하지 말라고 했지만 키스는 6주 후 다시 무대에 나섰다. 그리고 단 한 번의 공연만 취소한 채 투어를 성공적으로 마무리했다.

물론 뇌수술로 인해 비정상인 키스가 정상으로 돌아올 일은 없었다. 2007년 4월 NME는 키스와의 인터뷰를 통해 엽기적인 기사를 냈다. '키스 리차드, 아버지의 재를 흡입하다!' 키스 리차드의 매니저는 키스의 조크였다며 서둘러 이 사건을 수습했고 NME 역시 이를 수습하려 했다. 키스가 아버지와의 인연을 끊을 정도로 부모 세대에 저항이 컸다는 점에서 묘한 여운을 남긴다.

2007년 개봉한 「캐리비안의 해적: 세상 끝에서」라는 영화에서 키스는 조니 뎁이 맡은 잭 스패로우의 아버지 캡틴 티그 역을 맡았다. 조니 뎁은 이 시리즈 중 주인공 잭 스패로우의 많은 부분을 키스 리차드의 행동 양식에서 가져왔다고 고백한다. 선악의 경계가 무너진 잭 스패로우는 할리우드 역사상 가장 매력적인 캐릭터 중 하나이고, 실제 많은 부분에서 해적처럼 거듭된 악행 속에도 순정을 간직한 키스 리차드를 느낄 수 있다. 무비 스타로서 그들의 경력은 2008년에도 이어지는데 그들을 사랑한 거장 마틴 스콜세지의 콘서트 영화 「샤인 어 라이트」는 베를린 영화제 개막작이었다.

1999년 제리 홀과의 이혼 이후에도 믹 재거의 여성 편력은 멈추지 않았다. 믹과 스캔들을 일으킨 여성의 목록에는 우마 서면, 안젤리나 졸리 그리고 이후 프랑스 대통령 사르코지의 영부인이 될 칼라 브루니가 있다. 하지만 자신만만한 믹의 경력에 흠집 나는 사건이 발생했으니 바로 2010년 발표한 키스 리차드의 자서전 파문. 키스의 자서전 속에서 마리안느가 밝힌 믹의 작은 성기에 관한 얘기가 여과 없이 수록되었고 이는 믹과 키스의 신경전에서 또 한 번의 불씨가 되었다. 이 사건으로 롤링 스톤즈의 글리머 트윈스, 믹 재거와 키스 리차드는 다시 냉랭해졌다. 2011년까지 스톤즈의 50주년을 기념하는 어떠한 활동도 예고되지 않았으며 믹은 데이브 스튜어트, 데미언 말리[82] 그리고 조스 스톤[83]과 함께 보컬이 중심이 되는 슈퍼헤비 (SuperHeavy)를 결성했다. 슈퍼헤비 이상으로 스톤즈를 주목하게 한 사건은 마룬 5와 크리스티나 아귈레라의 'Moves Like Jagger' 였다. 이 곡의 뮤직비디오는 60년대부터 믹의 이미지와 무대 액션을 흉내 내며 믹과 롤링 스톤즈에 대한 직접적인 헌사를 담고 있다. 인상적인 뮤직 비디오에 힘입어 중독성 있는 그루브의 이 곡은 미국을 포함한 다양한 국가에서 1위를 차지했고 2011년 두 번째로 많이 팔린 싱글이 되었다. 나이 70을 앞두고 또 무슨 싸움질인가 싶지만 그들은 늘 그랬다. 키스가 밝힌 대로 그 둘의 관계는 친구라기보다 형제에 가까웠다. 로큰롤에 대한 열정을 제외하면 닮은 구석이 별로 안 보이지만 오히려 그렇게 다른 모습이 서로를 보완해왔고 둘이 아니면 아무 것도 아니라는 것을 둘 다 잘 알고 있다. 그것은 운명이다. 1960년 10월 다트포드 역에서의 우연한 만남처럼.

이후 예상대로 믹과 키스는 결국 화해했고 2013년 투어 계획을 짜고 있다. 그들은 2013년이 진정한 50주년이라 믿고 있다. 찰리가 1963년 1월에 정식으로 가입했기 때문이다. 빌 와이먼의 참여도 논의 중이다. 다시 말하지만 롤링 스톤즈는 로큰롤 밴드다.

마크 피셔

우리나라에서는 (비교적 많은) U2의 팬과 (한국에 몇 안 되는) 롤링 스톤즈의 팬이 누구의 무대가 더 끝내주는가에 대해 논쟁하곤 한다. 하지만 상당 부분 의미 없는 논쟁이다. 그들 모두 최고의 무대 장치는 단 한 사람, 마크 피셔(Mark Fisher)의 그룹에 의해 디자인되었기 때문이다. 핑크 플로이드의 〈The Wall(1980)〉〈Division Bell(1994)〉투어, 롤링 스톤즈의 〈Still Wheels(1989)〉〈Voodoo Lounge(1994)〉〈Bridges to Babylon(1997)〉〈A Bigger Bang(2005)〉투어, U2의 〈ZooTV(1992)〉〈PopMart(1997)〉〈360(2009)〉, 피터 가브리엘의 〈Millennium Dome(2000)〉등 마크 피셔는 21세기에 더욱 위력적인 초대형 투어의 무대 장치를 정의했다. 뿐만 아니다. 토리노와 베이징 올림픽의 개막식, 그리고 「위 윌 락 유」 「비바 엘비스」의 뮤지컬, 「태양의 서커스」 등의 현대화된 서커스까지 현재 무대 예술이 건축과 만나는 지점의 최첨단에는 바로 그의 이름이 새겨져 있다.

영국 중부 워윅셔에서 태어난 마크 피셔는 런던의 건축조합학교를 졸업한 후 조나단 파크와 더불어 피셔 파크 파트너십으로 작업을 지속하다 1994년 마크 피셔 스튜디오를 설립하고 그의 비전을 실현했다.

50년의 로큰롤

영화 「올모스트 페이머스」를 보면 한 평론가가 믹 재거의 액션을 따라하며 "믹 재거가 50살에도 록 스타일 것 같니?"라고 묻는 장면이 있다. 영화의 배경인 70년대 초반 유행은 '록은 죽었다'였다. 많은 록 뮤지션이 요절했고 롤링 스톤즈의 브라이언 존스도 죽었다. 육체의 음악, 하체의 음악인 록을 하는 롤링 스톤즈가 50년 이상 활동할 수 있으리라 상상한 사람은 없었다. 심지어 믹 재거도 60년대에는 기껏해야 2~3년 정도 더 지속할 수 있으리라 예상했다. 하지만 데뷔 50주년인 지금, 그들은 건재하다. 그리고 그들의 공연은 압도적이다.

하지만 롤링 스톤즈는 우리나라에서 인기가 없다. 롤링 스톤즈는 진지하지 않고(혹은 진지해 보이지 않고) 거장적인 연주를 하지도 않으며('Midnight Rambler'의 라이브를 보는 순간 생각이 바뀔 수도 있겠지만) 정치적이지도 않고 가사는 너저분한 철없는 아이들의 음악을 했기 때문이다. 훌륭하지 않은 2등 뮤지션 롤링 스톤즈는 사실 '왜 이 음악을 들어야 하는가'를 굳이 설명해야 하는 팝 전문가들에 의해 의무방어전의 형태로 소개된 뮤지션일 수 있다. 하지만 다시 물어보자. 이성에 반하는 하체의 음악[84] 로큰롤을 어떻게 이성적으로 설명할 것인가?

20세기는 백인 중심인 계몽의 역사에 있어서 끝자락이었다. 계몽은 근대화라는 과정에서 큰 역할을 했지만 20세기 들어서는 숨겨진 야만성과 폭력성 그리고 극단적인 이기주의를 감추기 위한 도구로서의 기능에 충실했고, 이를 두 차례의 큰 전쟁과 유대인 대학살로 확인했다. 세계 대전이 끝난 이후에도 계몽은 기존의 질서를 유지하기 위한 백인 기성세대의 효과적인 도구였다. 그들은 젊은이들에게 이성적이고 합리적인 기준을 제시하려 했지만 젊은이들의 마음에는 그것이 와 닿지 않았다.

그 사이 흑인들은 불만, 폭력, 게으름, 본능 그리고 육체에 관해서 노래했고 그들의 음악은 백인의 윤리관에서 볼 때 마치 악마에게 영혼을 팔아버린 것처럼 보였다. 그것을 '블루스'라고 불렀다. 블루스는 1950년대 백인 젊은이들에게 흥미롭고 매력적인 존재였다. 기성세대가 원하는 것과 정반대의 탈출구를 제시하고 있었고 여기에 리듬감을 실어 백인들도 같이 연주하고 듣게 되었을 때 그것은 '로큰롤'이 되었다.

보다 자유분방하고 쿨했던 60년대 영국의 젊은이들은 1950

년대의 음악, 더 나아가 흑인들의 전통에 영혼을 빼앗겨 버렸고 노동자의 아이들은 그들이 처한 환경에 반항했으며 화이트칼라의 아이들은 그들 부모 세대의 규율에 무조건적으로 저항하려 했다. 그 중심에 롤링 스톤즈가 있었다. 매니저 앤드류 올드햄이 정의했던 것처럼 롤링 스톤즈는 부모 세대들과는 다른 자유분방한 라이프스타일 속에서 블루스에서 시작한 육체의 음악에 몰두했다.

롤링 스톤즈의 음악에서 가장 탁월한 부분은 바로 여기에 있다. 로큰롤에서 시작한 비틀즈는 끊임없이 새로움을 찾았지만 스톤즈는 그들의 시작이었던 전통의 핵심에 몰두했다. 전통적 장르에 기반한 원초적 그루브감에 있어 롤링 스톤즈는 절대 강자다. 그들은 하나의 장르에 몰입하면 늘 청출어람의 결과를 냈다. 실패작으로 분류하는 앨범 〈Their Satanic Majesties Request〉에서도 싸이키델릭, 스페이스록, 인도 음악의 가장 깊숙한 곳을 찌르는 부분이 있다. 2006년 공연 실황인 「The Biggest Bang」을 보면 스태디엄 공연에서도 컨트리나 60년대 모타운[85]의 진짜를 담아낸다. 그들이 가장 즐겨하는 말이 바로 '진짜'다.

이러한 측면에서 롤링 스톤즈는 미국의 전통이 가지는 진짜를 미국인들에게 돌려주었다. 보스 브루스 스프링스틴, 쉐릴 크로우[86], 데이브 매튜스[87], 화이트 스트라입스[88]의 잭 화이트 등 전통에 충실하며 단단한 라이브 뮤지션들이 롤링 스톤즈의 영향을 받았다.

로큰롤 밴드, 롤링 스톤즈.
(출처: http://commons.wikimedia.org/wiki/Rolling_Stones)

롤링 스톤즈는 그들이 찾는 '진짜'에 대해 늘 진지했지만 그 '진짜'를 그럴듯한 뭔가로 포장하려 하지 않았다. 오히려 그것을 향유하고 탐닉했다. 그것이 로큰롤이었다. 음악적 스타일을 중시하는 영국 뮤지션들은 스톤즈의 음악적 내용보다 태도를 따라하려 했다. 그래서일까? 더 스미스(The Smiths)[89]의 조니 마가 언급한 것처럼 많은 뮤지션들은 자신들이 롤링 스톤즈라고 믿기 시작하면서 망가지기 시작한다. 이후 롤링 스톤즈처럼 자유분방한 태도를 견지했던(미국 출신이며 음악마저도 많은 영향을 받은) 건즈앤로지즈, 더 버버, 리버틴스 등 혜성과 같이 등장한 탁월한 재능의 팀들은 스톤즈만큼 오래 지속할 수 없었다.

60년대가 끝날 때 롤링 스톤즈는 그들이 원하는 모든 것을 성취할 수 없음을 깨달았지만(You Can't Always Get What You Want) 40년이 더 지난 지금, 로큰롤 밴드 롤링 스톤즈는 모두가 원하는 바를 유일하게 성취하고 있다. 로큰롤은 어떤 형이상학적 의

미 대신 우리가 지금 이 순간 살아있음을 몸으로 느끼게 한다. 그것이 바로 롤링 스톤즈가 여전히 '구를' 이유다.

참고문헌

Booth Stanley, *The True Adventures of the Rolling Stones*, Chicago Review Press, 2000.

Dodd Philip, *According to the Rolling Stones*, Chronicle Books, 2009.

David Stephen, *Old God Almost Dead*, 2001.

Fox James and Richards Keith, *Life*, 2010.

DeRogatis Jim & Kot Greg, *The Beatles vs. The Rolling Stones: Sound Opinions on the Great Rock'n'Roll Rivalry*, 2010.

Karnbach James & Bernson Caro, *It's Only Rock-N-Roll: The Ultimate Guide to the Rolling Stones*, 1997.

Appleford Steve, *The Rolling Stones: The Stories behind the Biggest Songs*, 1997.

Creampton Luke & Lister Tim & Rees Dafydd, *Rock Diary: The Rolling Stones*, 2011.

Wyman Bill & Haver Richard, *Rolling With The Stones*, 2003.

Kramer Howard, *Rolling Stones: 50 Years of Rock*, 2011.

Russel Ethan A, *Let It Bleed, The Rolling Stones, Altamont and the End of the Sixties*, 2009.

Oldham Andrew Loog, *Stoned*, 2004

Oldham Andrew Loog, *2Stoned*, 2004

Sanchez Tony, *Up and Down with the Rolling Stones: My Rollercoaster Ride with Keith Richards*, 2011.

Spitz Marc, *Jagger: Rebel, Rock Star, Rambler, Rogue*, 2011.

Ali Tariq, *Street-Fighting Years: An Autobiography of the Sixties*, 2005.

Dimery Robert & Lydon Michael, 1001 *Albums You Must Hear Before You Die*, 2006.

George-Warren Holly & Romanowski Patricia & Pareles Jon, *The Rolling Stone Encyclopedia of Rock & Roll*, 2001.

Eric Clapton, Clapton: *The Autography*, 2008.

Bangs Lester, *I Only Get My Rocks Off When I'm Dreaming: So You Say You Missed the Stones Too? Cheer Up, We're a Majority!*, Cream, 1973. 1.

Bangs Lester, *1973 Nervous Breakdown: The Ol'Fey Outlaws Ain't What They Used to Be-Are You?*, Cream, 1973. 12

Bangs Lester, *State of the Art: Bland on Bland*, Cream, 1976. 7.

It's Only the Rolling Stones, Village Voice, 1974. 10. 31.

Cover to Cover 1967 ~ May 2007, Rolling Stone.

『롤링스톤』지 아카이브에 수록된 수많은 기사에서 많은 부분을 참고 했다.

웹사이트

http://en.wikipedia.org/wiki/The_Rolling_Stones

http://allmusic.com/artist/the-rolling-stones-p5298

http://www.iorr.org/

http://www.edsullivan.com/

영상자료

Jean-Luc Godard, 〈One Plus One/Sympathy for the Devil〉, 1968.

Albert and David Maysles Charlotte Zwerin, 〈The Rolling Stones: Gimme Shelter〉, 1970.

Robert Frank, 〈Cocksucker Blues〉, 1972.

Rollin Binzer & Marshall Chess, 〈Ladies & Gentlemen the Rolling Stones〉, 1974.

Hal Ashby, 〈Let's Spend the Night Together〉, 1983.

Taylor Hackford, 〈Hail! Hail! Rock'n'Roll〉, 1987.

Michael Lindsay-Hogg, 〈The Rolling Stones-Rock and Roll Circus〉, 1996.

〈The Rolling Stones - Four Flicks〉, 2003.

Martin Scorsese, 〈Shine A Light〉, 2008.

〈The Rolling Stones: Live at the Max〉, 2009.

Stephen Kijak, 〈Stones In Exile〉, 2010.

〈The Rolling Stones - 1969-1974: The Mick Tayler Years〉, 2010.

〈The T.A.M.I. Show Collector's Edition〉, 2010.

〈Rolling Stones: The Biggest Bang〉

〈The History of Rock: British Rock Part〉

〈6 Ed Sullivan Shows Starring The Rolling Stones〉, 2011.

〈The Rolling Stones: Some Girls - Live in Texas '78〉, 2011.

주

1) 참고로 『롤링스톤』지가 꼽은 100명의 위대한 아티스트 중 롤링 스톤즈보다 높은 순위의 아티스트는 비틀즈, 밥 딜런, 엘비스 프레슬리이다.

2) 머디 워터스(Muddy Waters): 델타 블루스로부터 시카고 블루스를 만든 블루스의 거장.

3) 척 베리(Chuck Berry): 혁신적인 흑인 로큰롤 뮤지션.

4) 버디 할리(Buddy Holly): 혁신적인 백인 로큰롤 뮤지션.

5) 리치 발렌스(Ritchie Valens): '라밤바'로 유명해진 멕시코계 로큰롤 뮤지션. 비행기 사고로 요절했다.

6) 프랑소아 트뤼포(François Truffaut): 누벨바그를 대표하는 프랑스의 영화감독.

7) 크리스 바버(Chris Barber): 2차대전 전후 영국 재즈 씬을 이끈 선구적 뮤지션.

8) 엘모어 제임스(Elmore James): 슬라이드 기타로 유명한 블루스 뮤지션.

9) 로버트 존슨(Robert Johnson): 델타 블루스를 시작한 현대 대중 음악의 시작. 악마에 혼을 팔며 'Crossroad blues'를 작곡했다고 알려지고 있다.

10) 빌리 보이 아놀드(Billy Boy Arnold): 시카고 출신의 블루스 뮤지션.

11) 데이빗 보위(David Bowie): 비주얼하면서 양성적인 글램록을 창시했으며 이후 다양한 트렌드를 주도한 영국의 록 뮤지션.

12) 킹크스(The Kinks): 영국적 록음악을 정의한 밴드.

13) 지미 리드(Jimmy Reed): 어쿠스틱 사운드에서 일렉트릭 블루스로의 변환을 이끈 블루스 뮤지션.

14) 에벌리 브라더스(The Everly Brothers): 돈과 필 에벌리 형제로 구성된 컨추리 기반의 기타 듀오 밴드.

15) 머지 비트(Mersey Beat): 초기 비틀즈와 유사한 상큼한 비트를 특징으로 하는 리버풀 출신의 밴드를 지칭함.

16) 브라이언 엡스타인(Brian Epstein): 비틀즈를 성공으로 이끈 매니저.

17) 조지 마틴(George Martin): 비틀즈의 프로듀서.

18) 클리프 리차드(Cliff Richard): 영국의 팝과 로큰롤 싱어.

19) 보그(Vogue): 패션과 스타일 매거진.

20) 야드버즈(Yardbirds): 에릭 클랩튼, 제프 벡, 지미 페이지를 배출하며 이후 레드 제플린을 재편할 런던 클럽 씬의 수퍼 밴드.

21) 에릭 버든(Eric Burden): 블루스에 기반한 그룹 '애니멀스'의 리더.

22) 만프레드 만(Manfred Mann): 키보드 주자이자 자신이 리드하는 블루스록 그룹의 리더.

23) 존 메이올(John Mayall): 다양한 기타리스트를 배출한 블루스 브레이커스의 리더이며 다양한 악기를 연주하는 백인 블루스 보컬. 영국과 백인 블루스의 상징적 존재이다.

24) 슈게이징(Shoe Gazing): 마이 블러디 발렌타인과 같은 뮤지션이 주도한, 페달 기타의 효과를 강조하는 얼터너티브록의 서브 장르. 특별한 액션 없이 아래만 쳐다보며 연주하기 때문이다.

25) 보 디들리(Bo Diddley): 보 디들리 비트라는 도발적인 비트로 유명한 블루스 뮤지션.

26) 리틀 리차드(Little Richard): 1950년대 로큰롤을 개척한 피아니스트.

27) 더 후(The Who): 모드 족을 대변하며 브리티시 인베이전의 한 축을 이룬 밴드.

28) 크림(The Cream): 기타의 에릭 클랩튼, 베이스의 잭 브루스, 드럼의 진저 베이커 등 각 파트의 최고 연주자가 모여 블루스, 싸이키델릭, 하드록을 작곡 연주한 60년대 영국의 수퍼 그룹.

29) 제임스 브라운(James Brown): 미스터 다이너마이트. 소울의 왕.

30) 오티스 레딩(Otis Redding): 소울 싱어송라이터.

31) 샘 쿡(Sam Cooke): 가스펠, 소울 싱어송라이터.

32) 슈프림스(The Supremes): 다이애나 로스를 중심으로 한 모타운의 흑인 여성 보컬 트리오.

33) 템테이션스(The Temptations): 모타운 레코드의 흑인 남성 소울 보컬 그룹.

34) 정키(Junkie): 약물 중독자.

35) 에드 설리반쇼(Ed Sullivan Show): 에드 설리반이 진행하는 미국의 인기 TV쇼. 에드 설리반과 롤링 스톤즈는 톰과 제리 같은 관계였다. 스톤즈의 첫 출연부터 지나치게 열광하는 소녀들에 에드 설리반은 신경질적이었고 출연할 때마다 머리나 의상을 문제 삼았다. 가장 결정적인 순간은 에드 설리반이 1967년 방송 당시 'Let's Spend the Night Together'를 'Let's Spend Some Time Together'로 바꿔 부르게 한 것이고 믹은 비꼬는 듯 한 눈동작으로 대응했다.

36) NME: New Musical Express. 트렌드에 민감한 1960년 전통의 영국 록 저널.

37) 마르사 앤 반델라스(Martha and the Vandellas): 모타운 걸그룹.

38) 솔로먼 버크(Solomon Burke): 저평가된 남성 소울 뮤지션 중 하나. 2011년 그래미 시상식에서 믹은 솔로먼 버크를 추모하는 공연을 했다.

39) 돈 코베이의 오리지널을 들어보면 믹의 독특한 보컬 스타일중 많은 부분이 돈 코베이로부터 왔음을 확인할 수 있다.

40) 바비 워맥(Bobby Womack): 그룹 발렌티노의 리더이기도 한 소울 싱어송라이터.

41) 라이 쿠더(Ry Cooder): 트래디셔널의 아름다움과 슬라이드에 조예가 깊은 기타리스트. 빔 벤더스와 쿠바 뮤지션을 발굴한 작업인 〈부에나 비스타 소셜 클럽〉으로 큰 성공을 거두었고 여러 개의 그래미 트로피를 받았다.

42) 버브(The Verve): 리차드 애쉬크로포드가 리드하는 90년대 모던 록 그룹.

43) 싸이키델릭(Psychedelic): 60년대 후반에 등장한 환각에 기반한 음악.

44) 꽃의 여름: 1967년 여름은 미국 서부를 중심으로 반전과 평화를 갈망하는 꽃을 든 히피들의 시간이었다.

45) 오토튠(Auto Tune): 목소리 변조로 곡을 진행하는 방식. 티페인 등에 의해 유행이 되었다.

46) 데이브 클락 파이브(Dave Clock Five): 브리티시 인베이전을 견인한 영국의 팝록 그룹.

47) 애니멀스(The Animals): 영국의 블루스록 그룹.

48) 도노반(Donovan): 밥 딜런에 대한 영국의 응답이라 불렸던 포크 뮤지션.

49) 에릭 홉스봄(Eric Hobsbawm): 영국의 역사학자.

50) 로버트 케네디(Robert Kennedy): 미국 대통령, 존 F. 케네디의 동생이기도 한 정치가. 그 역시 암살되었다.

51) 제쓰로 툴(Jethro Tull): 플루트를 연주하는 이언 앤더슨이 리드하는 프로그레시브/포크/블루스록 밴드.

52) 타지 마할(Taj Mahal): 블루스와 월드 뮤직의 경계에 있는 흑인 뮤지션.

53) 미치 미첼(Mitch Mitchell): 지미 헨드릭스 익스피리언스의 드러머.

54) 스몰 페이시스(Small Faces): 런던의 리듬앤블루스 씬에서 성장한 로큰롤 그룹. 로드 스튜어트와 로니 우드가 가입하며 페이시스로 재편한다.

55) 퍼시 셸리(Percy Shelly): 낭만파 시인. 아내가 자살했고 요트 사고로 요절했다.

56) 아레나(Arena): 경기장을 공연장으로 쓰는 경우.

57) 몬테레이 팝 페스티벌(Monterey Pop Festival): 록페스티벌의 시대를 본격적으로 연 페스티벌. 지미 헨드릭스가 미국 데뷔했다.

58) 우드스탁 페스티벌(Woodstock Festival)

59) 로버트 크리츠고(Robert Christgau): 빌리지 보이스 등에 기고한 록 평론가.

60) 데이브 마시(Dave Marsh): 롤링 스톤과 빌리지 보이스의 록 평론가.

61) 크로스비 스틸스 & 내시(Crosby, Stills & Nash): 미국의 포크록 수퍼 그룹.

62) 킹크림슨(King Crimson): 기념비적 프로그레시브록 그룹.

63) 버즈(The Byrds): 데이빗 크로스비, 로저 맥귄 등이 주축이 된 미국 밴드. 비틀즈에 대한 미국의 응답으로 평가되며 포크, 싸이키델릭, 컨추리를 도입하며 미국 록을 정립했다.

64) 네드 켈리(Ned Kelly): 호주의 임꺽정을 다룬 영화.

65) 퍼포먼스(The Performance): 니콜라스 뢰그, 도널드 캠벨의 괴작. 여기서 믹 재거는 은둔 중인 퇴폐적 록스타를 효과적으로 연기했다.

66) 원 플러스 원(One Plus One): 롤링 스톤즈가 'Sympathy for the Devil' 녹음 현장을 소재로 장 뤽 고다르가 만든 정치적 영화.

67) 탐탐(Tom-Tom): 드럼 키트의 하나.

68) 마틴 스콜세지(Martin Scorsese): 70년대부터 미국의 뒷골목을 그리며 예술과 대중성의 절묘한 경계에서 큰 성공을 거둔 미국의 씨네아스트.

69) 러시안 룰렛(Russian Roulette): 총알을 넣은 권총을 서로 머리에 겨누며 행운에 생명을 거는 게임. 영화 「디어 헌터」의 소재이다.

70) 팔세토(Falsetto): 두성보다 더 고음을 내는 창법.

71) 제프 벡(Jeff Beck): 영국의 기타리스트. 로큰롤, 재즈, 블루스, 전자 음악 등 다양한 장르를 자신만의 개성 있는 기타 연주로 개척했다.

72) 얀 해머(Jan Hammer): 체코 출신의 재즈와 전자음악에 능한 건반 주자.

73) 허비 행콕(bie Hancock): 퓨전 재즈의 거장 건반 연주자.

74) 유리스믹스(Eurythmics): 애니 레녹스와 데이브 스튜어트의 신스팝 듀오.

75) 사이먼 필립스(Simon Philips): 토토 등 수많은 밴드에서 탁월한 기량을 선보였던 테크니션 드러머.

76) 얼터너티브(Alternative): 너바나, 펄잼 등 시애틀 출신의 밴드가 주축이 된 거친 모던 록.

77) 가비지(Garbage): 셜리 맨슨이 보컬을 맡은 얼터너티브 그룹.

78) 벡(Beck): 전통을 팝아트적으로 결합한 독창적인 얼터너티브 뮤지션.

79) 비스티 보이즈(Beastie Boys): 미국의 백인 힙합 트리오.

80) K.D. 랭(K.D. Lang): 캐나다 출신의 레즈비언 싱어송 라이터.

81) 냅스터(Napster): MP3를 다운로드 받을 수 있는 P2P 서비스.

82) 데미언 말리(Damien Marley): 밥 말리의 아들인 레게 뮤지션.

83) 조스 스톤(Joss Stone): 영국의 백인 여성 소울 싱어 송 라이터.

84) 키스 리차드는 로큰롤을 '머리 밑의 음악'으로 표현한 바 있다.

85) 모타운(Motown): 배리 고디가 설립한 디트로이트 기반의 레코드. 백인에게도 폭넓은 사랑을 받은 수많은 흑인 뮤지션을 배출했다.

86) 쉐릴 크로우(Sheryl Crow): 90년대에 데뷔한 미국의 여성 싱어송 라이터.

87) 데이브 매튜스(Dave Matthews): 전통에 기반한 얼터너티브록 뮤지션.

88) 화이트 스트라입스(White Stripes): 기타와 드럼으로만 구성된 미국의 개러지 밴드.

89) 더 스미스(The Smiths): 모리씨와 조니 마가 주축인 맨체스터 출신의 얼터너티브 밴드.

롤링 스톤즈 50년의 악행, 50년의 로큰롤

펴낸날   초판 1쇄 2012년 5월 15일

지은이   **김기범**
펴낸이   **심만수**
펴낸곳   (주)살림출판사
출판등록 1989년 11월 1일 제9-210호

경기도 파주시 문발동 522-1
전화 031)955-1350   팩스 031)955-1355
기획·편집 031)955-4662
http://www.sallimbooks.com
book@sallimbooks.com

ISBN 978-89-522-1846-9   04080

책임편집 **최진**